VORSICHT VOR GASLIGHTING

Der gefährlichste Gehirnwäsche-Trick der Narzissten und anderer Manipulatoren. So schaffen es Menschen unbemerkt, das Selbstbewusstsein ihrer Opfer zu zerstören.

EMORY GREEN

© **Copyright 2020 - Alle Rechte vorbehalten.**

Der in diesem Buch enthaltene Inhalt darf ohne direkte schriftliche Genehmigung des Autors oder Herausgebers nicht reproduziert, vervielfältigt oder übertragen werden.

Unter keinen Umständen wird dem Verlag oder Autor die Schuld oder rechtliche Verantwortung für Schäden, Wiedergutmachung oder finanziellen Verlust aufgrund der in diesem Buch enthaltenen Informationen direkt oder indirekt übertragen.

Rechtliche Hinweise:

Dieses Buch ist urheberrechtlich geschützt und nur für den persönlichen Gebrauch bestimmt. Ohne die Zustimmung des Autors oder Herausgebers können Sie keinen Teil oder Inhalt dieses Buches ändern, verbreiten, verkaufen, verwenden, zitieren oder umschreiben.

Haftungsausschluss:

Bitte beachten Sie, dass die in diesem Dokument enthaltenen Informationen nur zu Bildungs- und Unterhaltungszwecken dienen. Es wurden alle Anstrengungen unternommen, um genaue, aktuelle, zuverlässige und vollständige Informationen zu liefern. Es werden keine Garantien jeglicher Art erklärt oder impliziert.

Die Leser erkennen an, dass der Autor keine rechtlichen, finanziellen, medizinischen oder professionellen Ratschläge erteilt. Der Inhalt dieses Buches stammt aus verschiedenen Quellen. Wenden Sie sich an einen lizenzierten Fachmann, bevor Sie mit den in diesem Buch beschriebenen Techniken beginnen.

Durch das Lesen dieses Dokuments stimmt der Leser zu, dass der Autor unter keinen Umständen für direkte oder indirekte Verluste verantwortlich ist, die durch die Verwendung der in diesem Dokument enthaltenen Informationen entstehen, einschließlich, aber nicht beschränkt auf Fehler, Auslassungen oder Ungenauigkeiten.

BONUSHEFT

Mit dem Kauf dieses Buches haben Sie ein kostenloses Bonusheft erworben.

In diesem Bonusheft „Hypnose Schnellstart-Anleitung" erhalten Sie eine Einführung in die Welt der Konversationshypnose. Mit diesen Techniken können Sie andere Menschen während eines normalen Alltagsgespräches unbemerkt hypnotisieren.

Alle Informationen darüber, wie Sie sich schnell dieses Gratis-Bonusheft sichern können, finden Sie am <u>Ende dieses Buches</u>.

Beachten Sie, dass dieses Heft nur für eine begrenzte Zeit kostenlos zum Download zur Verfügung steht.

INHALTSVERZEICHNIS

Einführung 1

Kapitel 1: Das kleine Einmaleins der Gaslighting-Techniken 5
    Was ist Gaslighting? 5
    Die Geschichte des Gaslighting 6
    Beispiele für moderne Gaslighting-Methoden 7

Kapitel 2: Die Erzählungen eines Gaslighters 17
    Im Kopf eines Gaslighters 17
    Die Persönlichkeit eines Gaslighters 18
    Warum tun Gaslighter so etwas? 20
    Geständnisse eines Gaslighters 20
    Sind Sie ein Gaslighter? 24
    Die drei Arten von Gaslightern 26

Kapitel 3: Der Tanz mit dem Teufel 31
    Erkennen Sie die Anzeichen 31
    Die subtilen Anzeichen von Gaslighting, die Sie nicht
    einmal bemerken werden 31
    Warnsignale, an denen Sie leicht erkennen, dass Sie von
    einem Gaslighter manipuliert werden 36
    Fragen, die Sie sich stellen müssen, um festzustellen, ob
    sich ein Gaslighter in Ihrem Umfeld befindet 39
    Warum verlassen die Opfer den Gaslighter nicht? 40
    Empathen sind die perfekten Partner für Gaslighter 45

Kapitel 4: Gaslighting in Liebesbeziehungen 51
    Das Leben mit einem Gaslighter – die schreckliche Wahrheit .. 51
    Die 7 Stufen des Gaslighting in einer Beziehung 62
    Die Love-Bombing-Taktik 70

Kapitel 5: Gaslighting in Familien 73
    Wenn Eltern Gaslighter sind, werden Leben zerstört 73
    Die toxischen Dinge, die Gaslight-Eltern tun können 76
    Bei Kindern Gaslighting anwenden 77

4 Arten von Gaslighting im Kindesalter und die Auswirkungen 77

Kapitel 6: Gaslighting am Arbeitsplatz 81

Wie die Arbeit mit einem Gaslighter fast eine Karriere zerstörte 81
So erkennen Sie Gaslighting-Methoden am Arbeitsplatz 84
Wie häufige Gaslighting-Taktiken bei der Arbeit angewendet werden 84
Sätze, die Gaslighter am Arbeitsplatz verwenden 86
Der Gaslighting-Chef und seine Taktik 87

Kapitel 7: Gaslighting unter Freunden 89

Eine toxische Freundschaft, die nicht auf den ersten Blick als solche erkennbar ist 89
Anzeichen einer toxischen Freundschaft 94

Kapitel 8: Die Sprache und Kultur einer Gaslighting-Gesellschaft 97

Die heutige Gaslighting-Kultur 97
Die Zukunft der Gaslighting-Gesellschaft 99
Gaslighting und Social Media 99
Dies sind häufig vorkommende alltägliche Redewendungen, mit denen Menschen bei anderen Menschen Gaslighting-Taktiken anwenden: 101
Häufig angewandte Sätze, mit denen bösartige Gaslighter Menschen entwaffnen: 101

Kapitel 9: Die langfristigen Folgen des Gaslighting 103

Wie sich die Opfer fühlen und wie ihr Geisteszustand während des Gaslighting-Prozesses ist 103
Allgemeine Konsequenzen und langfristige Wirkung des Gaslightings 104
Emotionales Trauma und Symptome 106
Kognitive Dissonanz 106
Wie Gaslighting in toxischen Beziehungen das Realitätsempfinden und das Selbstbewusstsein des Opfers untergräbt 107

Kapitel 10: Gaslighting-Beweise 109

   Gängige Gaslighting-Techniken, die Sie kennen sollten,
   wenn Sie auf sie treffen 109
   Die 5 Gaslighting-Schritte: Erfahren Sie, wie Gaslighter
   vorgehen 110
   Einfache Reaktionen, die man einem Gaslighter entgegnen
   kann, die jedes Mal funktionieren 112
   Einfache Möglichkeiten, um die Auswirkungen von
   Gaslighting zu bekämpfen 114
   Eine neue Fähigkeit, um Gaslighter zu bekämpfen 115

Schlussbemerkung 117

Verweise 119

Bonusheft 121

EINFÜHRUNG

Wir alle sind von Wünschen und Bedürfnissen getrieben und wir alle haben das angeborene Bestreben, bestimmte Aspekte unseres Lebens sowie die Menschen in unserem Umfeld zu kontrollieren. Wir möchten, dass uns die Menschen auf eine bestimmte Art und Weise Zuneigung zeigen, auf eine bestimmte Art und Weise mit uns sprechen und uns mit Respekt behandeln. Daran ist absolut nichts auszusetzen. Aber was ist, hypothetisch gesprochen, wenn Sie oder Ihr Gegenüber stets das Ergebnis Ihrer Interaktionen kontrollieren können, indem Sie bzw. Ihr Gegenüber sich manipulativ verhalten und Worte und Handlungen verwenden, welche die jeweils andere Partei dazu bringt, auf eine Weise zu reagieren, die nur für Sie bzw. für Ihr Gegenüber von Vorteil ist? Macht Sie das nur zu einem egoistischen Menschen oder bereits zu einem Gaslighter?

In diesem Buch werde ich die verschiedenen egoistischen und natürlichen manipulativen Tendenzen von Narzissmus und Gaslighting aufdecken. Gaslighting ist eine sehr spezifische Form der Manipulation. Jeder von uns kann mit Gaslighting-Methoden in Kontakt kommen, entweder als Täter oder als Opfer. Ich werde in diesem Buch nicht nur definieren, was Gaslighting ist, sondern auch Beispiele aus der Praxis geben und erklären, wie Gaslighting-Methoden in verschiedenen Aspekten unseres Lebens auftreten. Wenn Sie dieses Buch gelesen haben, können Sie die verschiedenen Techniken und Taktiken von Gaslightern identifizieren bzw. Ihr eigenes Verhalten analysieren, wenn Sie der Gaslighter sind. Unsere Liebe zu anderen Menschen und unsere Meinung über uns selbst können die Wahrheit in Bezug auf Gaslighting-Methoden trüben. Dieses Buch deckt jedoch die wahren Absichten auf.

Als Autor und als ein Mensch, der mit ehrgeizigen und engagierten Menschen zusammenarbeitet, habe ich festgestellt, dass wir alle die Fähigkeit haben, ein Gaslighter zu sein, allerdings in unterschiedlichem Maße. Der Unterschied besteht darin, dass einige Menschen diese manipulative und kontrollierende Eigenschaft an sich gutheißen, solange sie ihnen zugutekommt, während es der Rest von uns vermeidet, gegenüber unseren Mitmenschen manipulativ zu sein. Leider besteht die Wahrheit darin, dass Gaslighting-Methoden heutzutage zu einem regelrechten Lebensstil geworden sind und dass die Auswirkungen mittlerweile in der gesamten Gesellschaft spürbar sind, sei es in der Politik oder bei der Arbeit oder sogar innerhalb von persönlichen Beziehungen. Es handelt sich hierbei um ein erlerntes Verhalten, das in der Kindheit erworben werden kann, insbesondere, wenn Sie selbst mit Gaslighting-Methoden konfrontiert wurden oder gesehen haben, wie ein Familienmitglied oder ein Elternteil unter Gaslighting-Methoden zu leiden hatte.

Manipulationen können die Art und Weise verändern, wie wir als Eltern unsere Kinder großziehen, wie wir arbeiten, wie wir uns in unserer Freizeit verhalten und wie wir Kontakte knüpfen. Gaslighting-Methoden können und werden unsere Beziehungen zu Mitgliedern des anderen Geschlechts beeinflussen und uns der Kraft berauben, die es uns ermöglicht, fundierte und nützliche Entscheidungen in Bezug auf unser Leben zu treffen. Stellen Sie sich für eine Minute eine Mutter vor, die unter Gaslighting-Methoden leidet. Sie wird nicht nur ihre Realität in Frage stellen, sondern auch ihre Lebensentscheidungen. Diese wirken sich direkt auf ihre Kinder und auf ihren Ehepartner aus und schaffen eine ungesunde häusliche Umgebung. Wenn Sie sich nun selbst in die Rolle der Mutter versetzen, werden Sie sehen, dass sich Gaslighting-Techniken auf das gesamte Umfeld der betroffenen Person auswirken, weil diese eine so heimtückische Form des Missbrauchs sind. Gaslighting kann allmählich über einen längeren Zeitraum stattfinden, ohne dass es jemand bemerkt, was in einigen Fällen zu irreparablen Schäden führt.

Ihr Leben kann durch Dinge, die Sie nicht kennen, drastisch verändert werden! Die Gaslighting-Methoden in Ihrem Leben können offensichtlich oder unter dem Deckmantel der Liebe verborgen sein. Sie sind vielleicht kein Opfer von Gaslighting in Ihrem Privatleben, aber vielleicht kennen Sie jemanden, der es ist. Vielleicht haben Sie sogar schon einmal einen Gaslighter kennengelernt. Wenn Sie mit einem Gaslighter sprechen, dann haben Sie oft das Gefühl, dass etwas nicht stimmt oder dass Sie dazu gedrängt werden, etwas zu akzeptieren, das nicht Ihrer Wahrnehmung entspricht. Gaslighter sind oftmals Menschen, denen wir vertrauen. Wir glauben also nicht, dass sie uns manipulieren könnten. Wenn Sie jedoch verstehen, was Gaslighting-Methoden sind, wie sie konstruiert werden und was damit erreicht werden soll, dann haben Sie eine bessere Chance, diese Manipulationstechniken in Frage zu stellen, bevor sie zu weit gehen. Man kann mit Sicherheit sagen, dass die Eliminierung jeglicher Form von Gaslighting in Ihrem oder im Leben Ihrer Mitmenschen wortwörtlich Leben retten kann.

Wenn Sie sich über Gaslighting-Methoden informieren, haben Sie einen ausgezeichneten Ausgangspunkt, um solche Beziehungen im Keim zu ersticken, bevor sie toxisch und zerstörerisch werden. Alle Aspekte des Gaslightings, die Sie kennen müssen, sind in diesem Buch enthalten. Sie können dieses Buch als Leitfaden verwenden, um dieses Minenfeld des emotionalen Missbrauchs zu bewältigen, das zu einem heimtückischen Teil unserer Kultur und Gesellschaft geworden ist. Was machen Sie jedoch, wenn Sie bemerken, dass Sie selbst oder eine Person in Ihrem Umfeld ein Gaslighter ist? Die schwierigste Aufgabe, die ein Gaslighter bewältigen muss, besteht darin, Veränderungen anzustoßen. Wenn Sie der Gaslighter sind, dann lassen Sie sich von diesem Buch dabei helfen, der Anführer, Freund, Lebenspartner oder Kollege zu werden, der sich um das Wohlergehen der Menschen in seinem Umfeld kümmert. Dieses Buch wird Ihnen dabei helfen, die wirklichen Auswirkungen der Macht über Menschen zu verstehen. Und Sie sollten dieses Buch unbedingt lesen, wenn Sie es leid sind, von anderen Menschen kontrolliert zu werden.

Dieses Zitat von Albert Camus sagt es in Bezug auf Gaslighting am besten: „Nichts ist verabscheuungswürdiger als Respekt, der auf Angst beruht." Selbiges gilt, wie ich noch kurz anmerken möchte, ebenso für den Respekt, der auf manipulative Weise gewonnen wird.

KAPITEL 1:

Das kleine Einmaleins der Gaslighting-Techniken

Was ist Gaslighting?

Gaslighting ist eine schändliche Art der psychologischen Manipulation einer Person, die diese an ihrem Verstand, ihrer Wahrheit, ihren Überzeugungen, Beurteilungen, Wahrnehmungen, Werten und sogar Erinnerungen zweifeln lässt. Das Hauptziel des Gaslightings besteht darin, dafür zu sorgen, dass eine Person ein geringes Selbstwertgefühl bekommt, und/oder Macht über diese Person zu erlangen. Gaslighting geschieht Schritt für Schritt innerhalb einer Beziehung und die Gaslighting-Handlungen können am Anfang recht harmlos erscheinen.

Gaslighter verwenden bestimmte, sehr spezifische Begriffe, um Verwirrung zu stiften, sodass die Wahrnehmung von Ereignissen durch das Opfer unzuverlässig oder sogar fiktiv erscheint. Gaslighter sagen beispielsweise Dinge wie: „Ich weiß nicht, wovon du sprichst" oder „Das ist nicht so passiert, du erfindest da etwas" oder „Du bist emotional". Wenn das Opfer solche Sätze über einen langen Zeitraum häufig genug hört, beginnt es, an seinem Erinnerungsvermögen zu zweifeln, verwechselt selbst die offensichtlichsten Ereignisse in seinem Leben, ist am Ende völlig verwirrt und verlässt sich immer mehr auf den Täter, um seine Realität zu bestätigen.

Gaslighting ist eine Waffe, die von vielen Tätern eingesetzt wird, die es vorziehen, ihre Opfer emotional zu missbrauchen, damit ihre Handlungen nicht so leicht von anderen Personen bemerkt werden können. Dies ermöglicht es Gaslighting-Tätern, die

Macht über ihre Opfer über einen längeren Zeitraum aufrechtzuerhalten. Das typische Ergebnis von Gaslighting ist ein Leben mit einer kognitiven Dissonanz, was bedeutet, dass das Opfer gleichzeitig zwei unterschiedliche Standpunkte vertritt, die im Widerspruch zueinander stehen. Zum Beispiel kann es passieren, dass ein Opfer erkennt, dass der Täter nicht ehrlich ist oder es absichtlich in die Irre führt. Das Opfer liebt den Täter jedoch so sehr, dass es dazu bereit ist, sich selbst einzureden, dass es sich in Bezug auf den Täter irrt. Infolgedessen lässt das Opfer weiterhin den Missbrauch durch die andere Person zu, wodurch letztendlich die kognitiven Fähigkeiten des Opfers beeinträchtigt werden.

Die Geschichte des Gaslighting

Der Begriff „Gaslighting" stammt aus dem US-amerikanischen Theaterstück Gaslight aus dem Jahre 1938, das auch unter dem Titel Angel Street bekannt ist. Das Theaterstück, das 1940 und 1944 auch verfilmt wurde, handelt von einer Frau namens Bella Manningham, deren Ehemann Jack Manningham sie manipuliert, um sie dazu zu bringen zu denken, dass sie verrückt sei. Der Ehemann dimmt und erhellt die Gaslichter im gemeinsamen Haus des Ehepaares und tut anschließend so, als hätten die Gaslichter nie geflackert, was dazu führt, dass die Frau an ihrer geistigen Gesundheit zweifelt. Dieses Stück ist eine perfekte Darstellung einer trostlosen Beziehung, in der eine Partei versucht, den Realitätssinn der anderen zu untergraben, und ihr dabei psychischen Schaden zufügt. Wenn dieses Theaterstück etwas beweist, dann die Tatsache, dass Gaslighting eine Methode ist, die von Tätern schon sehr lange angewendet wird.

Dass dieses Theaterstück in den letzten Jahren mehrmals von unterschiedlichen Theater- und Filmemachern neu inszeniert wurde, zeigt uns, dass das Thema Gaslighting auch heute noch relevant ist, insbesondere da die Techniken und Taktiken des Gaslighting weiterentwickelt wurden. In diesem Theaterstück isoliert Jack Manningham seine Frau ebenfalls von ihren Freunden, um sich selbst zum alleinigen Mittelpunkt ihrer Realität zu machen.

Leider funktioniert sein Trick in dem Stück und sie wird immer mehr von ihm abhängig, während sie gleichzeitig immer hoffnungsloser und verzweifelter wird.

Beispiele für moderne Gaslighting-Methoden

Der Gaslighting-Effekt taucht seit Langem in verschiedenen Psychoanalyse-Studien auf und manifestierte sich im Laufe der Jahre ebenfalls in verschiedenen Fernsehshows. Eine der Persönlichkeiten, die als der effektivste Gaslighter der Neuzeit gilt, ist der derzeitige Präsident der Vereinigten Staaten, Donald Trump. Der Begriff Gaslighting kann für alle Situationen des Lebens verwendet werden, in denen Sie Ihre Wahrnehmung der Realität in Frage stellen. Es gab eine ganze Reihe von Vorfällen in Zusammenhang mit dem Präsidenten der Vereinigten Staaten, in denen er versuchte, seine Gegner dazu zu bringen, ihre eigenen Handlungen und die ihrer engen Mitstreiter in Frage zu stellen. Nachfolgend sind einige Beispiele aufgeführt:

Brett Kavanaugh und Dr. Christine Blasey Ford

Während des Amtsbestätigungsverfahrens von Brett Kavanaugh sagte Präsident Donald Trump, dass die Anschuldigungen von Dr. Christine Blasey Ford, Kavanaugh habe sie während ihrer Highschool-Zeit sexuell missbraucht, eine Lüge seien. Diese Bemerkungen des Präsidenten schufen eine Atmosphäre, in der die Realität des Opfers und seine Erinnerungen in Frage gestellt wurden, nur weil nach diesem Vorfall viel Zeit vergangen war.

Der Präsident meinte dazu: „Die amerikanische Öffentlichkeit hat diese Scharade und die Unehrlichkeit der Demokraten gesehen. Hier sehen Sie einen Top-Fachmann in seinem Gebiet, der nichts Falsches getan hat. Es gibt keinerlei Bestätigung für die Behauptung dieser Frau. Diese ganze Geschichte ist frei erfunden. Es ist eine Schande. Und ich denke, dass am 6. November eine Sache bewiesen werden wird."

Auf irgendeine Art und Weise reichte Brett Kavanaughs wahrgenommene Intelligenz aus, um alles in Frage zu stellen, was Dr. Ford sagte, was schließlich dazu führte, dass ihre Version der Ereignisse in Frage gestellt wurde.

Donald Trump und Hillary Clinton

Da Hillary Clinton sich als Frau auf das Präsidentenamt bewarb, stand sie einer Reihe von Fragen sowie einer eingehenden Prüfung ihrer Einstellung in Bezug auf Frauenfragen gegenüber. Doch wenn die Präsidentschaftskandidatin Frauenthemen ansprach oder sich für die Rechte der Frauen einsetzte, beschuldigte der damalige Kandidat Donald Trump sie, die „Frauenkarte" zu spielen.

Trump unterstellte ihr immer wieder, dass Clinton keine Gewinnchance habe, wenn sie nicht die Frauenkarte spiele. Dieses Argument sollte nicht nur die Themen schwächen, auf die sich Clinton konzentrierte, sondern sie auch als eine chancenlose Kandidatin aussehen lassen, die dem amerikanischen Volk außer ihrem Geschlecht nichts zu bieten hat, das alles trotz der Tatsache, dass Clinton Teil der vorherigen Regierung war und sogar vor Präsident Obama und Vizepräsident Joe Biden zur beliebtesten Staatsbediensteten gewählt wurde.

Bei einer seiner Kundgebungen in Spokane im US-Bundesstaat Washington behauptete Trump, Clinton habe ihn beschuldigt, seine Stimme zu erheben, während er mit Frauen sprach. „Sie sagte: Donald Trump erhebt seine Stimme, während er mit Frauen spricht. Oh, es tut mir leid, es tut mir leid. Wir Männer haben nun alle Angst, uns mit Frauen zu unterhalten, da wir unsere Stimmen erheben könnten."

Diese Aussage zeigt Clinton als eine Kandidatin, die versucht, die Freiheiten von Männern und Polizisten in Bezug auf Ihr Verhalten gegenüber Frauen einzuschränken. Diese Aussage soll Männern Angst einjagen, damit sie glauben, dass sich die Frauen mit Hilfe von Hillary Clinton gegen sie verbünden werden. Es funktionierte bei einigen Wählern sehr gut, Gaslighting-Methoden gegenüber Clinton anzuwenden, da diese Wähler glaubten, dass Clinton das Ende der natürlichen Ordnung einläuten würde. Dies unterstützte die Ressentiments und Vorurteile dieser Wähler, insbesondere in Haushalten, in denen die Frau mehr Geld verdient als der Mann.

Donald Trumps Unhöflichkeit, wenn er über Clinton sprach, und seine ständigen Anschuldigungen, sie spiele die Frauenkarte, sollten ihren Wert als zukünftige US-Präsidentin mindern und leider glaubten viele Wähler dies. In diesem Fall gelang es Donald Trump, das amerikanische Volk und Hillary Clinton mit Gaslighting-Methoden zu täuschen. Er veränderte effektiv die wahrgenommene Realität der Wähler und gab ihnen das Gefühl, er sei die einzige Lösung, um die Dinge in ihrer „natürlichen Ordnung" zu halten. Er schaffte es ebenfalls, Clinton in die Irre zu führen, indem er sie wie eine unwürdige Kandidatin aussehen ließ, weil sie sich um Angelegenheiten wie Kinderbetreuung und Lohngleichheit für Frauen kümmerte. Diese Taktik sollte eigentlich dazu führen, dass sich Clinton nicht mehr über Frauenangelegenheiten äußerte, da Trump das Gefühl hatte, dass er in dieser Hinsicht nichts anzubieten hatte. Außerdem konnte er zu diesem späten Zeitpunkt im Präsidentschaftsrennen nicht mehr versuchen, so zu tun, als wären ihm Frauenangelegenheiten wichtig, da gerade das Access-Hollywood-Tape an die Öffentlichkeit gelangt war.

In diesem Fall versuchte Donald Trump als Gaslighter, Clinton und ihre Argumente zum Schweigen zu bringen, indem er ihre Überzeugungen und Meinungen als unterdrückend und unvernünftig bezeichnete.

Kellie Sutton und Steven Gane

Kellie Sutton war kein Promi, sondern eine 30-jährige dreifache Mutter, die mit einem Mobber namens Steven Gane zusammenlebte. In einem wegweisenden Fall, in dem erstmals ein Gaslighter bestraft wurde, verurteilte man Steven Gane zu vier Jahren und drei Monaten Haft. Er erhielt zudem eine Verwarnung wegen kriminellen Verhaltens, die ab 2018 10 Jahre lang gilt. Gemäß dieser Anordnung muss Gane die Polizei über jede sexuelle Beziehung informieren, die länger als 14 Tage dauert. Die Benachrichtigung muss innerhalb von 21 Tagen nach Beginn einer Beziehung erfolgen.

In diesem Fall wurde Steven Gane für schuldig befunden, in einer intimen Beziehung Zwangs- und Kontrollverhalten angewendet und das Opfer durch Schläge und Körperverletzungen angegriffen zu haben. Laut dem zuständigen Richter Phillip Gray gewann der Täter die Zuneigung Kellies und versuchte dann, sie zu kontrollieren und zu dominieren. Der Richter sagte, dass Gane sie wie ein Objekt behandelte, das er kontrollieren wollte, dass er sie wie seinen Besitz behandelte, sie schlug und ihren Willen brach. Er sagte weiter: „Ihre SMS- und Facebook-Nachrichten zeigen die Verachtung und Feindseligkeit, mit der Sie sie behandelt haben. Sie betrachten Frauen als Objekte, die Sie benutzen wollen. Sie haben Miss Sutton nach ihrem Tod sogar auf brutale Weise beschimpft und verunglimpft. Ihr Verhalten hat Miss Sutton dazu gebracht, sich das Leben zu nehmen. Sie hat gedroht, sich umzubringen, und Sie haben ihr gesagt, sie soll allen einen Gefallen tun und dies in die Tat umsetzen."

Gane gab zu, dass er ein eifersüchtiger Mann war und dass seine Gaslighting-Techniken Kontrolle über seine Lebensgefährtin ausüben sollten. Laut Kellie Suttons Mutter Pamela Taylor war sie ein glücklicher Mensch, der lebenslustig, liebevoll und fürsorglich war. Sie hatte sich jedoch verändert, seitdem sie eine Beziehung mit Gane angefangen hatte, und wurde immer zurückgezogener und ängstlicher.

Dies ist das erste Mal, dass nach dem Tod eines Opfers eine Verurteilung wegen Gaslighting erfolgte. Im Vereinigten Königreich trat 2015 das Zwangs- und Kontrollgesetz in Kraft, welches die Polizei als Meilenstein begrüßte. Diese Gesetzgebung ist ein Abschnitt des Serious Crime Act von 2015.

Gane und Sutton waren nur fünf Monate zusammen. Im Rahmen eines typischen Gaslighting-Verhaltens schmeichelte sich Gane bei seinem Opfer ein, indem er bei ihr einzog und die Dinge erledigte, die in ihrem Haushalt zu erledigen waren, und ihr Geschenke kaufte. Dies war ein Trick, um sie dazu zu bringen, immer abhängiger von ihm zu werden. Er isolierte sie immer mehr von ihrer Familie und ihren Freunden, kontrollierte sie immer stärker und schlug sie sogar, als sie ausging, ohne ihm zu sagen, wo sie war. Das Opfer verheimlichte diese Dinge vor ihrer Familie und selbst als sich Sutton schließlich das Leben nahm, wussten ihre Angehörigen immer noch nicht über die Gaslighting-Methoden Bescheid, denen sie schlussendlich zum Opfer gefallen war.

Steven Gane zeigte eine typische Gaslighting-Verhaltensweise, indem er seine Partnerin kontrollierte und dominierte. In seinem Fall war es jedoch eine tödliche Kombination aus emotionalem und körperlichem Missbrauch. Ihren Freunden zufolge erkannte er, wie verletzlich die alleinerziehende Mutter von drei Kindern war, und machte von diesem Umstand zu seinen Gunsten gebrauch. Gaslighter suchen immer nach Schwächen bei anderen Menschen und nutzen diese zu ihrem Vorteil aus.

Russland wendet Gaslighting bei Amerikanern an

Seit den Wahlen 2016 werden die Amerikaner durch russische Gaslighting-Methoden in die Irre geführt. Diese Gaslighting-Methoden sollen dafür sorgen, die Tatsache zu vertuschen, dass Russland die amerikanischen Wähler manipuliert und den Kurs der amerikanischen Politik verändert hat, so als würden sich die Amerikaner das einbilden. Russische Agenten hackten sich in die Konten von Mitarbeitern der Clinton-Kampagne sowie in E-Mail-Konten des Democratic National Committee und des Democratic Congressional Campaign Committee ein, um vertrauliche Informationen zu veröffentlichen. Sie verbreiteten ebenfalls unwahre Geschichten über Clinton auf Twitter, Facebook und Instagram und sabotierten sogar Kundgebungen in Pennsylvania und Florida. Alle diese Informationen wurden von der United States Intelligence Community bestätigt.

Als der russische Präsident Wladimir Putin jedoch nach einer Einmischung in die amerikanischen Präsidentschaftswahlen gefragt wurde, bestritt er alles und verwies stattdessen auf seinen Nachbarn, die Ukraine. Gemäß dem typisch ablenkenden Verhalten eines Gaslighters gab der russische Präsident vor, nichts davon zu wissen oder zu verstehen, dass seine Agenten mithilfe von Cyber-Taktiken Fake News während der US-Wahlen 2016 streuten, die Donald Trump begünstigten und Clinton schadeten.

Der Hauptgrund für diese Manipulationen bestand darin, die Wahl eines Kandidaten sicherzustellen, über den die Russen Macht ausüben können. Clinton fuhr einen harten Kurs gegenüber Russland und unterstützte die gegen das Land verhängten Sanktionen aufgrund der russischen Aktivitäten in der Ukraine. Als dies publik wurde, lenkte Russland von sich ab und begann eine Kampagne zur Diskreditierung der US Intelligence Community unter Verwendung ihres eigenen Präsidenten.

US-Sonderberater Robert Muller deckte Hinweise auf eine vom Kreml geführte Operation auf, die das Ziel hatte, die Wahlen zu sabotieren. Er fand ebenfalls heraus, dass 12 russische Geheimdienstoffiziere E-Mails von Demokraten infiltriert und falsche Social-Media-Konten verwendet hatten, um Fake News zu verbreiten. Bis 2017 glaubten 56 Prozent der Amerikaner, dass Russland sich in die Wahlen eingemischt hatte, aber dies bedeutet auch, dass 44 Prozent dies nicht glaubten. Das ist ein riesiger Prozentsatz und repräsentiert eine große Anzahl von Menschen, deren Wahrnehmung der Realität durch Aussagen wie die von Putin und Donald Trump beeinträchtigt wurde.

Putin sagte: „Wir haben und hatten nie Pläne, uns in die US-Innenpolitik einzumischen." Laut Putin kann die russische Regierung Privatpersonen jedoch nicht davon abhalten, im Internet ihre Ansichten zur US-Politik und ihren Entwicklungen zu äußern.

„Wie können wir ihnen das verbieten? Haben Sie ein solches Verbot in Bezug auf Russland?"

Trump sagte dazu Folgendes: „Ich glaube nicht, dass sie sich eingemischt haben." In einem anderen Fall sagte er: „Wenn Sie darüber Bescheid wissen, dass ein Hackerangriff durchgeführt wird und den Hacker nicht auf frischer Tat ertappen, dann ist es sehr schwer zu beweisen, wer den Hackerangriff durchgeführt hat. Aufgrund dieser Aussage muss ich Russland glauben. Es könnte China gewesen sein, es könnten aber auch viele andere Gruppierungen gewesen sein."

Indem die beiden Präsidenten sowie andere mächtige Personen Verleumdungen verbreiteten, führten sie das amerikanische Volk in die Irre, damit dieses dachte, dass seine Wahrnehmung der Realität falsch wäre. Beachten Sie bei diesem Fall, dass die Präsidenten und hochrangige Angehörige der Regierung nicht nur die Handlungen leugneten, sondern auch auf andere potenzielle Täter hinwiesen. Dies half ihnen dabei, ein alternatives Narrativ für all diejenigen voranzutreiben, die glaubten, dass es einen Hackerangriff gegeben hatte. Beide, sowohl Trump als auch Putin, sagten, dass die Fakten auf einen Hackerangriff hindeuteten. Es war ihnen jedoch genauso wichtig, die Schuld von Russland abzulenken, wie es ihnen wichtig war, die Behauptung in Gänze abzustreiten. Diese Taktik der Ablenkung funktioniert sehr gut für Gaslighter, da ihre Opfer oft kaum eine Möglichkeit finden, ihre Anschuldigungen aufrechtzuerhalten.

Charles Manson und die Manson-Family

Charles Manson war ein Gaslighter wie aus dem Bilderbuch, der Gaslighting-Strategien auf die nächste Stufe brachte, indem er gut gebildete Menschen dazu brachte, ihr Leben komplett hinter sich zu lassen. Dann ließ er sie auf die Welt los, damit sie für ihn Morde begingen. Wie die meisten Gaslighter stellte auch Manson sich selbst als den nächsten Retter der Welt dar und den Rest der Welt als Verblendete. Die meisten Leute dachten, dass Manson Serienmörder im Teenageralter rekrutieren würde. Tatsächlich erfüllte er jedoch die Bedürfnisse vulnerabler junger Frauen und nutzte sie aus.

Wenn zum Beispiel eine junge Frau nach spiritueller Führung suchte, bat er ihr diese in verzerrter Form an. Wenn eine junge Frau eine Vaterfigur brauchte, behandelte er sie so, dass sie väterlichen Trost bei ihm fand. Dies machte junge Frauen nicht nur außerordentlich abhängig von ihm, sondern indem er ihnen eine Familie bot, ermöglichte er ihnen ein Leben, nach dem sich die meisten von ihnen gesehnt hatten. Er nannte seine kultähnliche Sekte sogar die „Manson-Family".

Manson lebte mit diesen jungen Frauen zusammen und gab ihnen ab dem Jahr 1968 ein tiefes Gefühl von Familiensinn, Zuneigung und Verbundenheit. Leider wurden in den Jahren des Zusammenlebens mit Manson viele Drogen konsumiert, weswegen sich die verschiedenen Ex-Mitglieder der Manson-Familie auf unterschiedliche Art und Weise an die Ereignisse erinnern. Die Manson-Family lebte so für ca. zwei Jahre in einer Art Kommune zusammen und Mitte 1969 begann Manson damit, Mitgliedern seiner Familie zu befehlen, Menschen für ihn zu töten. Das erste Opfer war ein Freund der Manson-Family namens Gary Hinman, der von Familienmitgliedern getötet wurde, weil er Manson kein Geld gab. Die nächste Person auf der Liste war der berühmte Filmregisseur Roman Polanski, und seine Frau war das unglückliche Opfer. Polanskis Haus wurde ins Visier genommen, weil dort zuvor ein Musikproduzent gelebt hatte, der Manson abgelehnt hatte.

Nachdem er die Mitglieder seiner Familie dazu gebracht hatte, ihn als ihren Messias zu betrachten, entwickelte er seine sogenannte Helter-Skelter-Theorie. Diese Theorie besagte, dass Afroamerikaner und Weiße in Zukunft einen Rassenkrieg führen würden, in dem Tausende Menschen umkommen würden. Manson plante, dass die Manson-Family während des Krieges in Höhlen leben sollte, um nach dem Krieg die Welt regieren zu können. Doch als seine Musikkarriere floppte, sagte er seinen Mitgliedern, dass sie selbst Helter-Skelter starten müssten, indem sie Verbrechen in gehobenen Vierteln begingen. Dies sollte der afroamerikanischen Gemeinschaft zeigen, wie man Gewalt ausübt. Offensichtlich waren die Morde jedoch in Wirklichkeit Rachemorde von Manson an Menschen, die nicht dazu beigetragen hatten, seine Musikkarriere voranzutreiben.

Die von Manson manipulierten Männer und Frauen glaubten ihm jedes Wort. In ihren Augen war er kein Täter. Stattdessen sahen sie ihn als einen charismatischen und inspirierenden Führer mit der Vision und dem Ziel an, ihr Leben und das Leben der anderen Menschen zum Besseren zu verändern. Diese Denkweise wird als Optimismus-Voreingenommenheit bezeichnet, bei der sich die Opfer nur auf die positiven Seiten konzentrieren, selbst wenn es deutliche Diskrepanzen im Verhalten des Täters gibt. Wir alle pflegen eine gewisse Optimismus-Voreingenommenheit, doch bei Gaslighting-Opfer tritt diese stärker auf.

Adam und Rosie von Love Island

Im Jahr 2018 zeigten Adam und Rosie, zwei Teilnehmer der Show „Love Island", wie Gaslighting ein Teil des Dating-Lebens werden kann. Die Zuschauer waren besorgt darüber, wie Adam bei seiner damaligen Freundin Rosie typische Gaslighting-Taktiken anwendete, weil er ihr das Gefühl gab, sie sei der Grund dafür, warum er mit einer anderen Frau flirtete. Adam sagte Rosie, dass er Schluss mit ihr machen würde, weil sie sich wie ein Kind benahm. Da er keine Verantwortung für seine Handlungen übernahm und stattdessen Rosie die Schuld in die Schuhe schob, bekam Rosie das Gefühl, für sein schlechtes Benehmen verantwortlich zu sein.

Indem Adam die Reaktion seiner Freundin mittels seiner Handlungen trivialisierte, zeigte er ein typisches Gaslighting-Verhalten. Als er in einer Beziehung mit einer anderen Teilnehmerin namens Kendall war, wandte er diese Gaslighting-Taktiken auch bei ihr an. Zum Beispiel sagte er zu ihr: „Ich habe nichts getan, um dich glauben zu lassen, dass ich jemand anderen auswählen würde." Dies sagte er trotz der Tatsache, dass er zu der Zeit wieder mit Rosie angebandelt hatte. Immer wenn ihm eine neue Frau gefiel, wandte er bei Kendall und Rosie Gaslighting-Taktiken an, was ein bestimmtes Verhaltensmuster bei ihm bewies.

Auch bei einem anderen Teilnehmer der Show namens Joe Garratt konnte man typisches Gaslighting-Verhalten beobachten. Garratt gab seiner Partnerin Lucie Donlan das Gefühl, dass etwas mit ihr nicht stimmte, weil sie mit den männlichen Teilnehmern der Show, insbesondere mit Joes Rivalen, freundlich umging. Er sagte zu ihr: „Ich bin nicht glücklich damit. Das ist verrückt! Ich denke, dass du mehr Zeit mit den Mädchen verbringen solltest." Joe erhielt eine Menge Kritik wegen seines Gaslighting-Verhaltens und wurde aus der Show gewählt. Laut mehreren Quellen musste er nach der Show zunächst sogar an einem sicheren Ort untergebracht werden.

In Liebesbeziehungen können Gaslighting-Taktiken zu einem Einfallstor für Missbrauch werden und schnell zu körperlichem Missbrauch werden. Das Opfer bleibt wahrscheinlich in dieser ungesunden Beziehung, weil es sich mit dieser Art der Beziehung arrangiert hat. Mit der Zeit setzt sich das missbräuchliche Muster fort und eskaliert.

KAPITEL 2:

Die Erzählungen eines Gaslighters

Narzissmus ist der Kern des Gaslighting-Verhaltens. In jedem der Beispiele, die ich im vorherigen Kapitel genannt habe, fühlen sich die Gaslighter ihren Opfern überlegen und sind der Meinung, dass ihre Opfer nur auf sie hören sollten. Weil sie dies auf natürliche Weise nicht erreichen können, greifen sie auf zwanghaftes und manipulatives Verhalten zurück, um das Vertrauen des Opfers zu untergraben und dessen Wahrnehmung und Beurteilungen in Frage zu stellen. Auf diese Weise gerät das Opfer in eine verletzliche Position, die der Gaslighter dann ausnutzen kann, indem er so tut, als wäre er der alleinige Retter des Opfers.

Im Kopf eines Gaslighters

Wenn Sie mit einem Gaslighter zu tun haben, dann werden Sie feststellen, dass es diejenigen gibt, die verstehen, was sie tun, und diejenigen, die sich ihrer Handlungen nicht einmal bewusst sind. Berühmte Gaslighter wie Charles Manson rekrutierten und manipulierten junge Frauen nicht einfach aus heiterem Himmel. Manson nahm an einem Kurs teil, der auf Dale Carnegies Buch „Wie man Freunde gewinnt und Menschen beeinflusst" basierte. Die Manipulationstaktiken, die er bei seinen Anhängern anwendete, lernte er aus diesem Buch. Dieses Buch wurde jedoch nicht mit dem Ziel verfasst, den Lesern beizubringen, wie sie ihre Mitmenschen auf bösartige Weise manipulieren können. Tatsächlich profitierten auch einige der größten Denker unseres Planeten wie Warren Buffet von den Lehren in diesem Buch. Manson wandte die Techniken jedoch auf bösartige Weise an, um seine eigenen Bedürfnissen zu befriedigen.

Dies ist ein klassisches Beispiel für einen Gaslighter, der absichtlich gelernt hat, wie man Menschen manipuliert, die erlernten Taktiken anwendet und sie für seine eigenen Mittel einsetzt. Einige Gaslighter sind sich ihres Verhaltens bewusst und zielen absichtlich auf schutzbedürftige Personen ab, die sie leicht kontrollieren können.

Das Gegenteil davon ist ein Gaslighter, der sich seiner Handlungen nicht wirklich bewusst ist. Dies gilt insbesondere für autoritäre Persönlichkeiten, die dazu neigen, in Kategorien des Absoluten zu denken. Für solche Menschen sind die Dinge nur schwarz oder weiß, also tut die andere Person entweder das, was sie sagen, oder nicht. Es ist sehr schwer, solchen Arten von Gaslightern zu helfen, da sie nicht der Meinung sind, dass sie ein Problem haben. Das Ergebnis ist jedoch bei den bewussten und unbewussten Gaslightern gleich – sie bekommen ihre Belohnung, wenn ihr Opfer vollständig auf sie angewiesen ist. Beide wollen die Kontrolle über die Gedanken ihres Opfers haben, egal ob sie dies zu ihrem Besten oder zu ihrem eigenen Vorteil zu tun.

Die Persönlichkeit eines Gaslighters

Gaslighting-Eigenschaften finden sich typischerweise bei Menschen, die zwei widersprüchliche Probleme in sich tragen. Sie haben einerseits Probleme mit ihrem Selbstwertgefühl und ihrem Selbstbewusstsein und die einzige Möglichkeit für sie, um ein Gefühl der Kontrolle zu erlangen, besteht darin, andere Menschen sowie ihr Umfeld zu ihrem Vorteil zu manipulieren. Gleichzeitig verfügen sie aber auch über ein übertriebenes Gefühl der eigenen Wichtigkeit, sodass sie denken, ihr Leben in der Hand zu haben und einen Anspruch auf bestimmte Dinge zu haben. Ein Gaslighter kann entweder ein Intrigant und ein Meister darin sein, die Fakten zu verfälschen, oder er kann eine überhebliche Autoritätsperson sein, die nicht gerne in Frage gestellt wird und die Dinge nur durch ihre persönliche Perspektive sieht.

Narzissmus spielt ebenfalls eine große Rolle bei Gaslighting-Verhalten, da Gaslighting-Taktiken dem Gaslighter dabei helfen, seine Unsicherheit zu verbergen. Narzissmus ist eine Persönlichkeitsstörung, bei der eine Person ein überhöhtes Gefühl für ihren eigenen Wert und ihre eigene Wichtigkeit hat. Solche Menschen besitzen ebenfalls ein unersättliches und tief verwurzeltes Bedürfnis nach Bewunderung und Aufmerksamkeit sowie einen völligen Mangel an Empathie für andere. Bei der geringsten Kritik verliert eine narzisstische Person ihre Maske des Selbstbewusstseins, was manchmal zu Gewalt führt, weil ihre unsichere Seite plötzlich entlarvt wird. Für solche Menschen können alle Handlungen des Opfers, wie das Hinterfragen einer Entscheidung oder die Bitte um Klärung, als Kritik angesehen werden, die sie dazu bringt, das Opfer niederzumachen.

Wenn zum Beispiel eine Frau ihren Mann, der ein Gaslighter ist, danach fragt, wofür er das Familieneinkommen ausgegeben hat, bekommt der Mann möglicherweise das Gefühl, dass sie seine Fähigkeit, gute Entscheidungen zu treffen, in Frage stellt. Als Narzisst wird er diese Frage als Beleidigung ansehen und kann in diesem Moment zu missbräuchlichen Handlungen greifen. Es passiert recht schnell, dass eine Person mit einer narzisstischen Persönlichkeitsstörung ein Gaslighter wird, weil sie ein gewisses Anspruchsdenken hat und der Meinung ist, dass sie es verdient hat, bewundert zu werden. Auf der anderen Seite zeigt eine Person mit einer Gaslighting-Persönlichkeit ebenfalls Verhaltensweisen wie Launenhaftigkeit oder reagiert beleidigt, wenn die Dinge nicht so laufen, wie sie es will. Darüber hinaus hat sie Schwierigkeiten, sich an Änderungen in ihrer Umgebung anzupassen. Zudem hat sie auch verborgene Schamgefühle und Unsicherheiten in Bezug auf bestimmte Aspekte ihres Lebens. Einige Gaslighter können auch an Depressionen leiden, wodurch sie eher Alkohol und Drogen konsumieren.

Letztendlich verspürt ein Gaslighter einen anhaltenden Drang als Teil seiner Persönlichkeit, andere Menschen in seinem Umfeld mit allen notwendigen Mitteln zu kontrollieren.

Warum tun Gaslighter so etwas?

Der Hauptgrund, warum Gaslighter sich bemühen, die Menschen in ihrem Umfeld zu kontrollieren, ist der, dass ihnen dies Macht verleiht. Das Bedürfnis nach Dominanz hilft ihnen, sich gut zu fühlen, weil sie mit Unsicherheitsgefühlen und einem geringen Selbstwertgefühl zu kämpfen haben. Der Gaslighter kann versuchen, seine Handlungen so zu gestalten, dass sie dem Opfer zugutekommen, jedoch tatsächlich zu seinem eigenen Vorteil sind.

Es gibt Fälle, in denen Menschen Gaslighting-Taktiken verwenden, um Missetaten wie Affären oder Drogenkonsum zu vertuschen. In einer solchen Situation ist der Gaslighter kein typischer Narzisst. Stattdessen wird er, weil er Angst vor den Auswirkungen seines Verhaltens hat, die andere Person dazu bringen, ihre Realität in Frage zu stellen, um sich selbst zu schützen. Sie sollten sich in jedem Fall merken, dass die einzige Absicht eines Gaslighters darin besteht, auf Kosten der anderen Person Vorteile zu erlangen, egal was der Grund für seine Gaslighting-Taktiken auch sein mag.

Gaslighter verwenden diese Techniken auch gerne, um ein Gefühl der Sicherheit zu erlangen, insbesondere, wenn sie in einem unsicheren Umfeld aufgewachsen sind. Da Gaslighting ein erlerntes Verhalten ist, verwendet der Täter es als Reflexschutzverhalten, um seine Gefühle zu schützen und ihm dabei zu helfen, die Kontrolle über sein Leben zu behalten. Dieses erlernte Verhalten beobachtet der Gaslighter in seinem Umfeld und sobald er sieht, dass es funktioniert, wird er Gaslighting-Taktiken bei seinem ersten Opfer anwenden. Wenn es ihm dann gelingt, Menschen in seiner Umgebung erfolgreich zu manipulieren, wird dieses Verhalten zu einer kognitiven Überlebensstrategie.

Geständnisse eines Gaslighters

Es ist wichtig, zu verstehen, dass Gaslighter trotz ihres Verhaltens auch nur Menschen sind. Sie sehnen sich nach Selbsterhaltung und Akzeptanz und sind fest davon überzeugt, dass ihnen ihre

Handlungen etwas bringen. Aufgrund dieses Bedürfnisses nach Akzeptanz und Zugehörigkeit kann es passieren, dass Gaslighter ihre Lieben trotzdem weiterhin mit Gaslighting-Taktiken quälen, obwohl diese darunter leiden. Gaslighter haben möglicherweise Angst, allein zu sein oder als Verlierer zu gelten. Infolgedessen hat ihre Selbsterhaltung Vorrang vor Schuldgefühlen oder Empathie.

Als Autor, der viele Geschichten über Gaslighting sowohl von Opfern als auch von Tätern gehört hat, habe ich zahlreiche spannende Geschichten gehört, in denen normale Männer und Frauen für lange Zeit und in einigen Fällen sogar für den Rest ihres Lebens lähmende Ängste und Angststörungen erlebten. Eine solche Geschichte, auf die ich während meiner Recherchen stieß, handelt von einem kanadischen Anwalt namens Greg, der während seiner Beziehungen mit Frauen Gaslighting-Taktiken anwendete.

Während seiner Therapie erkannte Greg, dass er ein Gaslighter ist, und brachte den Beginn seines missbräuchlichen Verhalten mit einer Beziehung in Verbindung, die er im Alter von 21 Jahren führte. Greg ist ein bekennender Serien-Gaslighter, der in seinen elf Beziehungen jedes Mal Gaslighting-Techniken anwendete. Im Alter von 28 Jahren erkannte er das Gaslighting-Muster und sprach darüber, um Frauen dabei zu helfen, die Anzeichen für einen Gaslighter zu erkennen.

Seine erste Beziehung als Jurastudent führte er mit einer Masterstudentin namens Paula. Er war ihr untreu und hatte mehrere Affären hinter ihrem Rücken. Sie war jedoch intelligent genug und fand heraus, was er hinter ihrem Rücken trieb. Greg wollte nicht mit ihr Schluss machen, doch er wollte auch seine Affären nicht aufgeben. Deswegen nutzte er Gaslighting-Techniken, um in ihr Unsicherheiten auszulösen.

Er kreierte beispielsweise eine alternative Realität, indem er sie dazu brachte, ihren Umgang mit den sozialen Medien in Frage zu stellen. Er tat so, als wäre sie social-media-süchtig. Damit Paula seinen Aussagen mehr Glauben schenkte, machte er zunächst einen Witz darüber, wie verrückt sie nach sozialen Medien war.

Dann hinterließ Greg einen Beweis seiner Untreue in den sozialen Medien. Mit der Zeit begann er, auf erniedrigende Art und Weise mit ihr zu sprechen, wenn sie ihn nach seiner Nutzung der sozialen Medien befragte, was ihr das Gefühl gab, dass sie dramatisch und paranoid in Bezug auf das reagierte, was sie sah. Er tat so, als wäre es ein Witz, wenn sie ihn damit konfrontierte.

Das ständige Gaslighting führte dazu, dass Paula an dem zweifelte, was sie sah, weil sie glaubte überzureagieren, und schließlich kompromittierende Situationen nicht mehr ansprach aus Angst, als Drama-Queen abgestempelt zu werden. Also entschuldigte sie sich dafür, dass sie an ihm gezwejfelt hatte, und versprach, weniger Zeit in den sozialen Netzwerken zu verbringen. Dies gab Greg die Freiheit, seinen Lebensstil fortzusetzen. Er stand am Anfang eines Gaslighting-Verhaltensmusters, in dem man Lügen und Übertreibungen verwendet, um ein alternatives Narrativ anzubieten. Das extremere Ende des Spektrums besteht darin, sein Gegenüber mit kontrollierenden, erzwungenen, manipulativen und manchmal sogar physischen Mitteln zu dominieren.

Paula glaubte, obwohl sie Feministin und intelligent war, den Geschichten, die er ihr auftischte, laut denen andere Frauen Lügnerinnen waren und man ihnen nicht trauen konnte. Infolgedessen ärgerte sie sich über die anderen Frauen und selbst als sie sie kennenlernte und herausfand, dass sie keine Lügnerinnen waren, glaubte sie Gregs Version der Dinge immer noch. Mit dieser Gaslighting-Taktik isolierte Greg sie von anderen Menschen, die ihr die Wahrheit hätten sagen können, während er ihr ihre Sorgen über das, was sie in den sozialen Medien sah, nahm.

Greg wählte einen Frauentyp, von dem die meisten Menschen annehmen würden, dass dieser nicht von emotionalem Missbrauch betroffen ist. Er sagte, dass er auf sehr erfolgreiche und intelligente Frauen abzielte, da sie im Vergleich zu weniger erfolgreichen Frauen weitaus empfänglicher für Gaslighting-Techniken sind. Solche Frauen neigen dazu, gewissenhaft zu sein und im Allgemeinen das Richtige zu tun, was sie vertrauenswürdig macht und dazu führt, dass sie auch anderen Menschen schnell vertrauen. Sie sind auch kompromissbereit und verständnisvoll. Dies sind in der Regel die Eigenschaften, weswegen solche Frauen so erfolgreich sind. Leider werden solche Menschen oftmals ausgenutzt und sind deswegen anfällig für Gaslighter.

Laut Greg gehen viele Täter Beziehungen mit einer Checkliste oder einem Plan an, mit dem sie es schaffen können, ihre Opfer noch verletzlicher zu machen. Er sagte, dass seine Opfer alle eine Vorstellung hatten, wie eine erfolgreiche Beziehung aussehen sollte, die sie oftmals aus Filmen und märchenhaften Liebesgeschichten hatten. Er erklärte weiter, dass ein Gaslighter diese Vorstellung einer perfekten Beziehung nimmt und so tut, als würde er eine solche perfekte Beziehung schaffen. Sein einziges Ziel besteht jedoch darin, seine eigenen Bedürfnisse zu erfüllen. Der Gaslighter beginnt anschließend damit, über einen bestimmten Zeitraum hinweg Dinge zu tun, die dieses Narrativ unterstützen, auf die das Opfer hereinfallen soll.

Greg sagt, dass er, obwohl er gegenüber keiner der Frauen körperlich missbräuchlich oder aggressiv war, rückblickend nun versteht, dass der Schaden, den er angerichtet hatte, psychologischer Natur war. Sein Rat an Frauen, die der Meinung sind, dass in ihren Beziehung Anzeichen von Gaslighting vorhanden sind, besteht darin, mit männlichen Freunden zu sprechen. Er erklärt, dass männliche Freunde bei anderen Männern wahrscheinlich eher ein Gaslighting-Verhalten bemerken und ihren Freundinnen gegenüber brutal ehrlich sind. Weibliche Freunde hingegen können leichter eingeschüchtert werden und sagen dem Opfer wahrscheinlich eher, was es hören möchte. Tatsächlich war er vorsichtig bei den männlichen Freunden seiner Ex-Freundin, weil er wusste, dass sie seine Taktik durchschauen konnten.

Als Mann ist es fast tabu, über Gaslighting zu sprechen, da die meisten Menschen der Meinung sind, dass ein Mann von seiner Partnerin nicht misshandelt werden kann. Viele Männer leiden jahrelang unter dem Gaslighting-Verhalten ihrer Frauen und

Freundinnen, bevor sie überhaupt akzeptieren können, was los ist. Dies zeigt, dass Gaslighting nicht nur auf Frauen als Opfer beschränkt ist.

So stieß ich auf die Geschichte eines Mannes aus den USA, dessen Frau Gaslighting-Methoden anwendete und ihn damit viele Jahre lang traumatisierte. Wenn er mit seinen Freunden Pläne machte, brach sie einen Streit vom Zaun, der ihn daran hinderte, auszugehen. Später tat sie so, als könne sie sich nicht daran erinnern, dass er seine Freunde treffen wollte. Sie rief ihn bei der Arbeit an und tat so, als ob zu Hause etwas nicht stimmen würde, und sobald er nach Hause kam, beschuldigte sie ihn der Überreaktion und tat so, als hätte sie nie gesagt, dass etwas nicht stimmen würde. Am Ende verlor er aufgrund dieser Vorfälle seinen Job.

Manchmal hängte sie ein Bild auf und wenn er es schön fand, behauptete sie, dass das Bild schon seit mehr als zwei Wochen dort hängen würde, und sagte, dass sie es nicht glauben könne, dass er das nicht bemerkt habe.

Aufgrund solcher Vorkommnisse begann er an seinem Verstand zu zweifeln, da er sich nicht erinnern konnte, diese Bild zuvor schon einmal gesehen zu haben.

Leider gibt es nicht viele Hilfsangebote für Männer in missbräuchlichen Beziehungen. Von Männern wird erwartet, dass sie sich durchsetzen können, um den Missbrauch zu stoppen. Doch die Wahrheit ist, dass Gaslighting sowohl Männer als auch Frauen betreffen kann und dass die Auswirkungen gleichermaßen verheerend sind.

Sind Sie ein Gaslighter?

Wenn Sie sich nicht sicher sind, ob Sie ein Gaslighter sind, ist diese einfache Frage möglicherweise ein erster Ausgangspunkt:

Machen Sie Ihren Partner oder Ihr Kind oder eine andere Person, die Ihnen nahe steht, nieder, warten dann auf die Reaktion dieser Person und greifen dann diese Reaktion an, sodass diese Person denkt, sie sei nicht dazu in der Lage, ein vernünftiges Urteil zu fällen? Sie dürfen der Meinung sein, dass ein Urteil dieser Person in Bezug auf ein bestimmtes Thema falsch ist. Wenn Sie dies jedoch ständig machen und wenn diese Verhaltensweise von Ihnen dazu führt, dass Ihr Gegenüber an seiner Fähigkeit zweifelt, fundierte Entscheidungen zu treffen, dann sind Sie ein Gaslighter. Ein Gaslighter, der sich dessen nicht bewusst ist, denkt oft, dass er einfach nur vernünftig oder ehrlich ist. Solche Leute denken, dass sie brutal ehrlich seien. Leider sind sie einfach nur brutal in Bezug auf die Kontrolle, die sie über die andere Person ausüben. Solche Menschen sagen, dass sie rational und kühl sind und es nicht mögen, wenn jemand ausdrückt, dass er Angst hat. Solche Menschen sagen zum Beispiel Dinge wie „Du bist zu empfindlich", weil sie sich dazu berechtigt fühlen, auf aggressive Weise zu sagen, was sie sagen wollen.

Der bewusste Gaslighter geht die Sache hingegen sehr methodisch an, wenn es darum geht, die Kontrolle über sein Opfer zu gewinnen. Ein bewusster Gaslighter ist zunächst besonders nett oder hilfsbereit, um das Vertrauen der anderen Person zu gewinnen. Seinen Angriff wird er zunächst als Witz oder Schuldzuweisung tarnen. Es dauert Monate oder sogar Jahre, bis die Dominanz und die Gaslighting-Methoden ihre volle Kraft entfalten.

Eine andere Frage, die Sie sich stellen sollten, lautet: Verwenden Sie manchmal Sätze, die Ihr Gegenüber dazu bringen, sich selbst in Frage zu stellen? Bezeichnen Sie andere Menschen zum Beispiel als verrückt? Wenn Sie Ihren Mitmenschen das Gefühl geben, in Bezug auf ihre Gedanken, Meinungen, der Auswahl von Freunden oder sogar Hobbys irrational zu sein, wenden Sie bei ihnen Gaslighting-Methoden an.

Für einen Gaslighter ist jeder Akt der Kontrolle, des Zwangs und der Herrschaft über sein Opfer wie ein Erfolgserlebnis, das süchtig machen kann. Deshalb nutzen Gaslighter die kleinsten

Handlungen des Opfers, um ihm das Gefühl zu geben, nicht rational zu handeln.

Die letzte Frage, die Sie sich stellen müssen, lautet: Fühlen Sie sich unsicher und finden Sie Trost darin, eine andere Person dazu zu bringen, an sich selbst zu zweifeln? Bei dieser Frage ist es wichtig, zu untersuchen, ob Sie nur ein emotionaler Täter sind, der gerne die Kontrolle darüber hat, wie sich sein Partner fühlt, oder ein Gaslighter, der noch einen Schritt weiter geht und seinen Partner diskreditieren möchte, indem er ihn dazu bringt, seine geistige Gesundheit in Frage zu stellen.

Die drei Arten von Gaslightern

Psychoanalytiker haben im Laufe der Jahre drei Arten von Gaslightern anhand ihrer Verhaltensmuster identifiziert. Anerkannte Experten in diesem Bereich wie der stellvertretende Direktor des Yale Center for Emotional Intelligence, Dr. Robin Stern, haben über zweieinhalb Jahrzehnte gebraucht, um Kenntnisse über die Auswirkungen von Gaslightern und ihren spezifischen Taktiken gegenüber ihren Opfern zu erlangen. Folgendes müssen Sie über die drei Typen von Gaslightern wissen:

Der Glamour-Gaslighter

Der Glamour-Gaslighter beginnt immer als Gentleman, der sein Opfer völlig bezaubert. Wenn der Glamour-Gaslighter eine Frau ist, dann ist sie elegant und charmant. Sie verhält sich oftmals so, als wäre sie in Not und würde einen männlichen Helden benötigen, der sie rettet. Der männliche Glamour-Gaslighter hingegen kauft teure Geschenke, führt das Opfer in die besten Restaurants aus und gibt ihm das Gefühl, als würde es der Mittelpunkt seiner Welt sein.

Der männliche Glamour-Gaslighter zielt nicht nur auf das weibliche Opfer ab, sondern auch auf dessen Freunde und Familienangehörigen, was dazu führt, dass das weibliche Opfer von allen beneidet wird. Langsam fängt er jedoch an, seine Partnerin zu kontrollieren. Am Anfang kann es sein, dass Aktivitäten gemeinsam geplant werden, die an einem Tag stattfinden, an dem das Opfer bereits etwas mit seiner Familie oder Freunden ausgemacht hat. Dies zwingt das Opfer, den männlichen Gaslighter vorzuziehen und den Freunden abzusagen. Er wird subtile Bemerkungen fallen lassen wie: „Nun, ich denke, dass es dir nicht so wichtig ist, Zeit mit mir zu verbringen." Einige versuchen sogar, die Angst vor einer Trennung zu wecken, indem sie sagen: „Es ist okay. Triff dich mit deinen Freunden. Ich werde mich mit ... treffen. Da bin ich ganz offen. Wir hatten etwas am Laufen, bevor ich dich kennengelernt habe und sie hat immer noch etwas übrig für mich." Diese Aussage soll das Opfer unsicher und eifersüchtig machen, damit es seine Pläne mit anderen Personen aufgibt.

Im gleichen Szenario kann es passieren, dass sich der weibliche Glamour-Gaslighter provokant anzieht und ausgeht, nachdem sie herausgefunden hat, dass der Mann etwas mit seinen Freunden ausgemacht hat. Sie sagt ihm, dass sie mit einem Ex-Freund oder einem Kollegen von der Arbeit ausgeht, und macht ihm deutlich, dass ihr Date Gefühle für sie hat. Das Ziel ihrer Handlungen ist es, ihn eifersüchtig zu machen, damit er seine Pläne absagt. Plötzlich ist sie jedoch wütend auf ihn, weil er überreagiert hat und sie dazu gebracht hat, sich schuldig zu fühlen, nur weil sie ausgehen und ein bisschen Spaß haben wollte. Sie beschuldigt ihn, sie zu manipulieren, und er ist nun dazu gezwungen, sie zu beruhigen und ihr zu versichern, dass dies nicht seine Absicht war, während er sich fragt, ob er überreagiert und sie so veranlasst hat, ihre Pläne für ihn zu ändern.

Der männliche Glamour-Gaslighter ist plötzlich wegen der kleinsten Dinge wütend auf seine Partnerin, wie z. B. über einen Witz seines Freundes zu lachen, für etwas bezahlen zu wollen, wenn sie zusammen unterwegs sind, oder sogar einen männlichen Freund zu umarmen. Die Anschuldigungen reichen von der Behauptung, ihn öffentlich lächerlich gemacht zu haben, bis zu dem Vorwurf, sich nicht wie eine gute Freundin zu benehmen. Natürlich ist sich die Frau nicht sicher, was sie falsch gemacht hat, und je mehr sie versucht, sich zu rechtfertigen, desto mehr scheint sie ihn zu verärgern. Um den Frieden in der Beziehung wiederherzustellen, wird sie sofort versuchen, die Dinge zwischen ihnen wieder in Ordnung zu bringen, indem sie sich entschuldigt und verspricht, rücksichtsvoller zu sein. Immerhin ist er ein guter Mann und sie hat ihn mit ihren Handlungen lediglich wütend gemacht.

Dieses Muster setzt sich unregelmäßig fort, jedoch kontrolliert der männliche Gaslighter seinen Partner die meiste Zeit mit Handlungen und Worten.

Der Einschüchterungs-Gaslighter

Diese Art von Gaslighter ist ein Tyrann, der Aggressionen und sogar physische Dominanz einsetzt, um sich durchzusetzen. Der Einschüchterungs-Gaslighter ist in der Regel männlich, weil er die körperliche Kraft besitzt, Gewalt einzusetzen, wenn sein Opfer seinen Regeln nicht gehorcht. Es gibt beim Einschüchterungs-Gaslighter keine subtilen Hinweise auf das, was er will. Vielmehr geht er missbräuchlich vor und zeigt auch in der Öffentlichkeit Aggressionen.

Solche Gaslighter neigen dazu zu schmollen, nicht mehr mit ihren Partnerinnen zu reden, ihnen zu drohen und mit den tiefsten Ängsten ihrer Partnerinnen zu spielen, um ihren Willen zu bekommen. Zum Beispiel drohen sie, ihrer Partnerin die Kinder wegzunehmen, weil diese die Kinder ohne seine Erlaubnis irgendwohin mitgenommen hat. Wenn die tiefste Angst der Partnerin darin besteht, dass sie als Mutter versagt, wird er diese Angst ausnutzen, indem er etwas sagt wie: „Du benimmst dich genau wie deine Mutter und du weißt genau, wie sie war. Ich glaube nicht, dass du eine gute Mutter für meine Kinder bist und ich werde sie dir wegnehmen." Das Opfer verspricht aus Verzweiflung, nach seiner Erlaubnis zu fragen, bevor es etwas mit den Kindern unternimmt. Das Opfer wird nun anfangen zu glauben, dass seine Erziehungsfähigkeiten nicht gut genug sind, was in ihm Angst verursacht.

Der Einschüchterungs-Gaslighter kritisiert zudem das Opfer auch in Gegenwart anderer Menschen ständig, schikaniert es und macht es öffentlich nieder.

Der Good-Guy-Gaslighter

Dieser Typ von Gaslighter wird von der Familie des Opfers sehr gemocht und seine Freunde sagen dem Opfer, dass es eine Menge Glück hat und jemanden wie den Good-Guy-Gaslighter nirgendwo wieder finden wird. Good-Guy-Gaslighter benehmen sich in der Öffentlichkeit wie ein toller Mann oder eine tolle Frau und behandeln ihre Partner mit Respekt und Zuneigung, aber hinter verschlossenen Türen bröckelt die Fassade und sie verhalten sich bösartig. Das Problem bei dieser Art von Gaslightern ist, dass ihre Aktionen in der Öffentlichkeit alle Versuche des Opfers diskreditieren, die Wahrheit zu sagen. Der Good-Guy-Gaslighter ist auf die öffentliche Wahrnehmung angewiesen, um seine Handlungen zu tarnen. Die Opfer haben normalerweise Angst oder schämen sich, die Wahrheit über den Good-Guy-Gaslighter zu berichten und aus diesem Grund kann der Täter jahrelang sein Unwesen treiben, ohne dass andere Menschen es mitbekommen.

Ein Beispiel: Ein Good-Guy-Gaslighter geht mit seiner Freundin essen und sie sieht einen männlichen Freund. Er kommt zu ihrem Tisch und sie steht auf, um ihn zu umarmen. Im Gegensatz zum Einschüchterungs-Gaslighter, der bei dieser Geste wütend werden und gegenüber seinem Partner in der Öffentlichkeit Aggression zeigen kann, wird der Good-Guy-Gaslighter höflich den Händedruck erwidern, sich vorstellen, den Freund einladen, sich ihnen anzuschließen, und charmant und sogar freundlich zu ihm sein. In seinem Inneren brodelt es jedoch und weder die Freundin noch der Kumpel bemerken es. Bei der erstbesten Gelegenheit wird er sie beschuldigen, mit dem Mann zu flirten, eine Affäre mit ihm zu haben und ihn zum Narren zu machen. Warum? Wegen der Art, wie sie sich umarmten oder wie sie sich ansahen. Er bringt seine Partnerin dazu, ihm zu versprechen, diesen Freund nicht wiederzusehen.

Das Opfer beginnt zu glauben, dass sie ihren Freund vielleicht zu lange umarmt hat oder dass sie zu aufmerksam war, als er etwas erzählte. Sie wird sich entschuldigen und versprechen, keinen Kontakt mehr mit diesem Freund zu haben. Es könnte in Folge sogar passieren, dass sie komplett damit aufhört, männliche Freunde zu umarmen.

KAPITEL 3:

Der Tanz mit dem Teufel

Erkennen Sie die Anzeichen

Es ist eine großartige Sache, verliebt zu sein. Das Wichtigste ist jedoch, dass man sich selbst nicht verliert, wenn man eine andere Person liebt. Die Anzeichen von Gaslighting sind deutlich zu erkennen, wenn man weiß, worauf man achten muss. Sie können nach diesen Zeichen in allen Arten von Beziehungen suchen, in romantischen, familiären, geschäftlichen und sogar freundschaftlichen Beziehungen.

Die subtilen Anzeichen von Gaslighting, die Sie nicht einmal bemerken werden

Wie ich bereits erwähnt habe, treten Gaslighting-Verhaltensweisen Schritt für Schritt auf und in den meisten Fällen handelt es sich um eine subtile Form des emotionalen Missbrauchs, der über Jahre hinweg stattfindet und dazu führt, dass das Opfer aufgrund der Erosion seines Realitätssinns völlig desorientiert ist. Dies sind einige der Techniken, die Gaslighter anwenden:

Offensichtliche Lügen

Gaslighting basiert auf eklatanten Lügen, die der Täter dem Opfer erzählt, um es aus dem Gleichgewicht zu bringen. Mit Hilfe einer großen, absichtlichen Lüge legt der Täter die Grundlage, um die Realitätswahrnehmung des Opfers zu zerstören. Normalerweise weiß das Opfer, ob es belogen wird oder nicht, doch weil der Täter die Lüge mit einem ernsten Gesichtsausdruck erzählt und er an seinen alternativen Tatsachen festhält, wird der Realitätssinn des Opfers vernebelt und es beginnt, an seiner eigenen Version der

Ereignisse zu zweifeln. Eine Lüge nach der anderen wird schon bald den Realitätssinn des Opfers untergraben, bis es schließlich der „richtigen" Realität des Täters glaubt.

Lügen ist eine der wichtigsten Gaslighting-Verhaltensweisen. Wir können sogar mit Sicherheit sagen, dass offensichtliche Lügen eine Voraussetzung sind, damit Gaslighting auftreten kann.

Kontern

Bei dieser Technik teilt der Täter dem Opfer mit, dass es falsche Erinnerungen an eine Sache hat. Dies geschieht normalerweise, wenn sowohl das Opfer als auch der Täter dasselbe Ereignis erlebt haben oder das Opfer dabei gesehen hat, wie der Täter etwas getan hat, was nicht den Erwartungen des Opfers an seinen Partner entspricht. In der Regel ist das, was passiert ist, kein angenehmes Ereignis gewesen.

Der Täter wird normalerweise versuchen, die Glaubwürdigkeit der Erinnerungen des Opfers an das Ereignis zu untergraben. Zu diesem Zweck wird er der Version des Opfers eine alternative Erzählung entgegensetzen. Diese Technik ist recht subtil, was bedeutet, dass der Täter das Ereignis weitgehend wie das Opfer beschreibt. Die Teile der Geschichte, die den Täter in einem schlechten Licht erscheinen lassen, werden jedoch weggelassen oder optimiert. Zum Beispiel sieht eine Frau, wie ihr Mann mit einer anderen Frau zu Abend isst, nachdem er ihr gesagt hat, dass er an diesem Abend ein Geschäftstreffen haben würde. Wenn sie ihn damit konfrontiert, gibt er zu, dass er mit einer Frau beim Abendessen war. Er sagt jedoch, dass sie eine Geschäftspartnerin sei und dass der Grund, warum das Geschäftsessen sehr intim ausgesehen habe, darin bestehe, dass diese Geschäftsbeziehung für sein Unternehmen von entscheidender Bedeutung sei.

Trivialisieren

Gaslighter trivialisieren gerne die Themen, die für das Opfer wichtig sind. Dies ist eine effektive Methode, um dem Opfer das

Gefühl zu geben, dass seine Meinung oder Wahrnehmung keine Rolle spielt. Sie funktioniert sehr gut und senkt das Selbstwertgefühl des Opfers. Es ist einfacher, eine Person zu isolieren, die sich unwürdig fühlt, weil sie bereits glaubt, dass sie nicht wichtig ist und dass niemand sie vermissen wird.

Wenn Gaslighter Dinge nicht trivialisieren, dann geben sie normalerweise vor, nicht zu verstehen, warum das Problem für das Opfer wichtig ist. Wenn zum Beispiel eine Person bei ihrem Partner Gaslighting-Methoden anwendet, wenn es um Geld geht, dann sagt der Täter jedes Mal, wenn der Partner sich zum Thema Finanzen erkundigt, etwa folgenden Satz: „Ich weiß nicht, warum du dir Sorgen um meine Ausgaben machst, wo ich dir doch gesagt habe, dass es mir finanziell gut geht." Oder der Täter sagt: „Warum fragst du mich nach Geld, wo du doch genau weißt, wie schlecht du mit Geld umgehen kannst?"

Diskreditierung

Das Opfer zu diskreditieren ist ebenfalls ein Trick eines Gaslighters. Diese Taktik beinhaltet, die Menschen in Ihrem Umfeld davon zu überzeugen, dass Sie mental instabil und verrückt sind. Good-Guy-Gaslighter und Glamour-Gaslighter sind ziemlich gut darin, die Angehörigen des Opfers davon zu überzeugen, dass sie gut zu ihm passen. Dies ist einer der Gründe, warum Gaslighting-Opfer oftmals nicht mit ihren Freunden und Familienangehörigen darüber sprechen möchten, was sich hinter verschlossenen Türen abspielt.

Manchmal sind sogar Eltern und Geschwister vom Charme des Täters so sehr geblendet, dass sie nicht bemerken, dass das Opfer leidet. In einigen Fällen kontrolliert der Täter das Unterstützungssystem des Opfers so vollständig, dass auch Personen aus dem Unterstützungssystem des Opfers damit beginnen, es mit Gaslighting-Methoden zu traktieren.

Steinwand-Taktik

Bei dieser Taktik schließt der Täter das Opfer vollständig aus, indem er nicht mehr mit ihm redet oder sich weigert, ihm zuzuhören. Es kann auch passieren, dass der Täter das Thema wechselt, sodass er sich nicht mehr mit dem Problem befassen muss, das sein Partner ansprechen möchte. Normalerweise legt diese Taktik den Grundstein dafür, dass der Täter so tut, als wäre er das Opfer. Auf diese Weise gibt er dem Opfer die Schuld für die Meinungsverschiedenheit.

Wenn zum Beispiel ein Mann seine Gaslighter-Frau fragt, wo sie war und warum sie letzte Nacht nicht nach Hause gekommen ist, kann es passieren, dass die Frau sich weigert, ihm zu antworten oder ihm zuzuhören, und den Raum verlässt. Wenn sie wieder zurück ins Zimmer kommt, dann ist es möglich, dass sie mit ihm über das Abendessen spricht, dass sie für die gemeinsamen Freunde geplant hat. Wenn der Mann nun versucht, wieder darüber zu sprechen, warum sie sie die ganze Nacht weg war, wird sie ihm ein schlechtes Gewissen einreden und ihm vorwerfen, dass er ihre Anstrengungen, um mit ihm und ihren Freunden eine tolle Zeit zu haben, nicht zu schätzen wisse. Sie wird wahrscheinlich so etwas sagen wie: „Ich kann nicht glauben, wie egoistisch du bist. Du weißt nicht einmal zu schätzen, wie viel Arbeit ich wegen dieses Abendessens habe. Stattdessen möchtest du, dass ich mich schuldig fühle, nur weil ich ausgehe und ein bisschen Spaß mit meinen Freundinnen habe. Ich habe dir doch vor ein paar Tagen davon erzählt, aber jetzt tust du so, als könntest du dich nicht daran erinnern."

Der Mann wird in einen inneren Konflikt geraten, weil seine Frau in Bezug auf das Abendessen eindeutig etwas Nettes für ihn tut. Er wird sich auch fragen, ob er die Planung seiner Partnerin tatsächlich vergaß oder nicht bei der Sache war, als sie über das Abendessen sprach.

Reframing-Taktik

Gaslighter sind sehr gut darin, die Gedanken und Erfahrungen des Opfers zugunsten ihres eigenen Narrativs zu verdrehen. Dies trägt dazu bei, dass das Opfer seine Sicht auf die Realität in Frage stellt und sich auf die Perspektive des Täters verlässt. Kehren wir zum Beispiel der Frau zurück, die ihren Partner beim Abendessen mit einer anderen Frau gesehen hat. Wenn der Mann damit konfrontiert wird, kann er versuchen, diese Erinnerung neu zu gestalten und die Gedanken der Frau zu verdrehen, indem er so etwas sagt wie: „Wir waren beide da und tatsächlich habe ich mit ihr zu Abend gegessen. Aber du sagst mir doch jetzt nicht im Ernst, dass wir nicht mehr mit anderen Männern und Frauen interagieren sollen, nur weil wir verheiratet sind? Das würde ich bei dir niemals tun."

Natürlich wird die Frau schnell versuchen klarzustellen, dass sie nichts dagegen hat, wenn ihr Mann mit Frauen interagiert. Schließlich wird sie sich fragen, ob sie zu viel in das hineininterpretiert hat, was sie gesehen hat. Dem Mann ist es also gelungen, ihre Gedanken zu verdrehen und den Eindruck zu erwecken, dass sie implizieren würde, dass er keine Interaktionen mit anderen Frauen haben soll. Weil sie sagt, dass er natürlich mit anderen Frauen sprechen darf, wird er diese Aussage ausnutzen und sie immer wieder daran erinnern, dass sie sich damit einverstanden erklärt hat, dass er weibliche Freunde hat.

Falsche Anteilnahme

Dies ist eine sehr beliebte Taktik, insbesondere im Gaslighting-Frühstadium innerhalb einer Liebesbeziehung. Da sich das Opfer noch nicht vollständig unter der Kontrolle des Täters befindet, wird dieser behaupten, dass alles, was er tut, dem Wohl des Opfers dient. Mit Hilfe dieser Taktik schmeichelt sich der Täter bei dem Opfer ein und gewinnt das Vertrauen des Opfers. Im Laufe der Zeit sagt der Täter dem Opfer schließlich unter dem Vorwand, es nur beschützen oder nur in seinem besten Interesse handeln zu wollen, was es tun soll.

Am Anfang sagt der Täter so etwas wie: „Ich möchte dir nicht vorschreiben, was du tun sollst. Ich sorge mich aber um dich und möchte nur sicherstellen, dass es dir gut geht. Wenn du mich fragst, dann wäre es besser, wenn du nicht mit X befreundet wärst." Wenn die Beziehung länger dauert und der Täter das Opfer bereits kontrolliert, verändert sich der Satz auf folgende Weise: „Ich habe dir immer gesagt, dass du diese Freundschaft beenden sollst, weil du mir wichtig bist. Aber du denkst, dass ich versuche, dich zu kontrollieren und jetzt steht diese Person zwischen uns." Falsches Mitgefühl ist eine tödliche Taktik, durch die das Opfer von Freunden und Familie isoliert wird.

Warnsignale, an denen Sie leicht erkennen, dass Sie von einem Gaslighter manipuliert werden

Sie haben Beweise, doch der Gaslighter streitet alles ab:

Gaslighter konzentrieren sich darauf, Ihre Realität zu verändern. Selbst wenn Sie Beweise dafür haben, was der Gaslighter gesagt hat, so wird er dies leugnen und Sie sogar beschuldigen, dass Sie versuchen, seine Realität zu verändern. Gaslighter können sehr glaubwürdig sein, wenn sie etwas abstreiten, und sie werden so tun, als wüssten sie nicht, wovon Sie sprechen. Sie machen das so gut, dass Sie sich fragen werden, ob Sie womöglich falsch liegen.

Gaslighter benutzen Ihre Ängste, Misserfolge und Zweifel als Munition:

Wenn Ihr Partner negative und manchmal sogar positive Aspekte Ihres Lebens nutzt, um Sie zu manipulieren, dann handelt es sich um eine Gaslighting-Beziehung. Nehmen wir zum Beispiel an, dass der Gaslighter weiß, wie wichtig eine Beförderung, Ihre Familie, Ihre Kinder oder Ihre Karriere für Sie sind, und dies ausnutzt, um Sie zu manipulieren. Ein Gaslighter wird Ihnen sagen, dass Sie unwürdig sind, weil Sie die Beförderung nicht erhalten haben, oder dass Ihre Karriere nicht voranschreitet und so weiter.

In den meisten Fällen verwenden Gaslighter die intimsten Dinge, die Sie ihm verraten haben, damit Sie sich unwürdig fühlen. Diese intimen Geheimnisse sind die ersten Dinge, die ein Gaslighter verwenden wird, um Sie und Ihre Reaktion darauf zu kontrollieren.

Gaslighter lügen ständig

Gaslighter lügen bei allem. Typischerweise streuen sie hier und da eine Lüge ein, um ihre Version der Geschichte zu unterstützen oder um Ihre Glaubwürdigkeit bzw. die von anderen Menschen zu untergraben. Diese Lügen zermürben das Opfer, sodass es so scheint, als würde nur der Gaslighter die Dinge in der Beziehung klar sehen.

Gaslighter verwenden gelegentlich positive Bestärkungen

„Schau, das ist doch überhaupt nicht schlecht. Du hast das sehr gut gemacht, weil du gemacht hast, was ich gesagt habe. Gut gemacht, Schatz." Durch die positiven Bestärkungen wird das Opfer aus dem Gleichgewicht gebracht und es sieht wieder den Mann, die Frau, die Eltern oder den Partner, den es früher einmal kannte. Eine solche Verhaltensweise gibt dem Opfer das Gefühl, dass der Täter doch nicht so schlimm ist. Solange das Opfer tut, was ihm gesagt wird, ist alles in Ordnung. Wenn Sie sich die Aktion, die zu der positiven Bestärkung geführt hat, genauer ansehen, dann werden Sie feststellen, dass sie dem Täter dient.

Gaslighter projizieren ihre Fehler auf ihr Opfer

Der Gaslighter beschäftigt sich häufig mit unangenehmen Themen wie Untreue, Drogenmissbrauch und Gewalt. Er projiziert diese Dinge auf sein Opfer, um von seinem eigenen Verhalten abzulenken. Wenn der Gaslighter beispielsweise untreu ist, dann beschuldigt er das Opfer, fremdzugehen, um die Aufmerksamkeit von seiner eigenen Untreue abzulenken.

Gaslighter erzählen anderen Menschen, dass das Opfer mental nicht stabil ist

Sie anderen Menschen gegenüber zu verleumden, ist eine Taktik, die ein Gaslighter anwendet, um Unterstützung für seine Aktionen erhalten zu können. Wenn der Gaslighter Ihrem gemeinsamen Freund sagt, dass Sie schlecht gelaunt sind, wird Ihre Reaktion, die Sie das nächste Mal in Gegenwart dieses gemeinsamen Freundes haben, die Worte des Gaslighters verstärken. Am Ende sieht es so aus, als hätten Sie ein Problem. Der Gaslighter wird Ihnen schon bald erzählen, dass sogar Ihr gemeinsamer Freund der Meinung ist, dass Sie ein Problem haben. Das bedeutet nicht, dass der gemeinsame Freund das wirklich gesagt hat (denken Sie daran, dass Gaslighter ständig lügen). Sie werden jedoch dennoch davon überzeugt sein, dass der gemeinsame Freund denkt, dass Sie ein Problem hätten.

Gaslighter wissen, dass Verwirrung die beste Methode ist, um ihr Opfer zu desorientieren und zu kontrollieren. Aus diesem Grund gehen Gaslighter äußerst strategisch vor, wenn es darum geht, Verwirrung in ihrer Beziehung zu stiften und gleichzeitig mit den richtigen Informationen die Oberhand zu haben. Um ein großes Maß an Verwirrung zu erreichen, wird ein Gaslighter jeden, der gut mit dem Opfer klarkommt, als Lügner darstellen, sodass sich das Opfer immer auf den Gaslighter verlässt, um die Wahrheit zu erfahren.

Es ist wichtig, sich der Gaslighting-Techniken bewusst zu sein, damit Sie sie identifizieren können, wenn sie in Ihrer Beziehung auftreten.

Fragen, die Sie sich stellen müssen, um festzustellen, ob sich ein Gaslighter in Ihrem Umfeld befindet

Wie bereits oben erwähnt, ist eine Gaslighting-Beziehung von ständiger Verwirrung und emotionaler Aufruhr geprägt. Dies liegt daran, dass das, was Sie sehen und was Sie von Ihrem Partner hören, zwei sehr unterschiedliche Dinge sind. Sie benötigen eine effektive und effiziente Methode, um feststellen zu können, ob Sie in einer Beziehung zu einem Gaslighter stehen. Eine gute Selbstwahrnehmung ist wichtig, vergessen Sie jedoch nicht, auch das Verhalten der anderen Person zu betrachten. Als Ausgangspunkt können Sie die folgenden Fragen beantworten:

- Fragen Sie sich oft, ob Sie auf die Aussagen Ihres Partners zu empfindlich reagieren? Haben Sie dieses Problem jedoch mit anderen Menschen nicht?
- Stammt Ihre persönliche Definition von einer Sache von Ihnen selbst oder von Ihrem Partner?
- Sind Sie in Bezug auf die grundlegendsten Informationen oder den zeitlichen Ablauf von Ereignissen verwirrt?
- Haben Sie die Tendenz, an sich selbst zu zweifeln, seit Sie diese Beziehung führen? Und zwar in dem Maße, dass Sie Ihre Meinung unterdrücken, weil Sie sich nicht sicher sind?
- Entschuldigen Sie sich immer bei der anderen Person, auch wenn Sie nichts getan haben, was eine Entschuldigung rechtfertigt?
- Denken Sie, dass Sie Glück haben, Ihren Partner zu haben, sind aber dennoch unglücklich und wissen nicht warum?
- Entschuldigen Sie sich ständig für die Handlungen der anderen Person?
- Leben Sie aufgrund der Handlungen Ihres Partners ein Doppelleben, um Kritik zu vermeiden? Verhalten Sie sich zum Beispiel so, als würden Sie zusammen mit einem Glamour-Gaslighter ein Traumleben führen, nur um mit

Freunden, Kollegen und Familienmitgliedern mithalten zu können?
- Stellen Sie Ihren persönlichen Wert in Ihrer Beziehung oder bei der Arbeit in Frage?
- Haben Sie das Gefühl, dass Sie nichts richtig machen können?
- Haben Sie das Gefühl, dass etwas mit Ihrer Beziehung nicht stimmt, doch Sie können nicht sagen, was es ist?
- Lügen Sie Ihren Partner an, um sarkastische Reaktionen zu vermeiden und zu verhindern, dass er Sie niedermacht, nur um den Frieden in der Beziehung aufrechtzuerhalten?

Sie werden feststellen, dass sich all diese Fragen in der Regel um Ihre Wahrnehmung der Realität, Ihren Instinkt, Ihre geistige Gesundheit und Ihre Gefühle drehen. Diese Fragen zeigen Ihnen, ob Sie sich in der Beziehung mit Ihrem Partner verloren haben.

Warum verlassen die Opfer den Gaslighter nicht?

Gaslighting ist eine sehr schmerzhafte Erfahrung. Niemand möchte hören und akzeptieren, dass die Person, der Sie vertrauen, die Sie lieben und mit der Sie intime Momente teilen, versucht, Sie dazu zu bringen, Ihren Verstand zu verlieren. In den meisten Fällen haben Opfer von Gaslightern die oben genannten Hinweise erkannt oder wurden sogar von Freunden oder Familienangehörigen oder sogar von den Ex-Partnern des Gaslighters gewarnt.

Das Opfer muss verstehen, dass es nicht seine Schuld ist und dass allein der Gaslighter die Schuld trägt. Wayne Dyer, ein Selbsthilfebuch-Autor, sagte einmal: „Wie die Menschen Sie behandeln, ist deren Karma – wie Sie reagieren, ist Ihres." Gaslighting-Opfer können sich aus mehreren Gründen dafür entscheiden, die Beziehung nicht zu beenden. Dazu gehören die folgenden Gründe:

Gesellschaftliche Erwartungen

Obwohl wir in einer Gesellschaft leben, in der Männer und Frauen neu definieren, wie sie leben wollen und ein Single-Leben oder eine offene Beziehung führen können, hält die Mehrheit der Bevölkerung immer noch am traditionellen Sinn einer Paarbeziehung fest. Dies bedeutet, dass es für viele Menschen immer noch wichtig ist, in einer monogamen Beziehung zu sein und für den Rest ihres Lebens gemeinsame Werte zu teilen und Kinder zu bekommen.

Diese gesellschaftlichen Erwartungen machen es vielen Opfern schwer, Gaslighting-Beziehungen zu beenden, weil sie Angst davor haben, ihr Ansehen in der Gesellschaft zu verlieren. Sie haben ebenfalls Angst davor, das Gefühl zu verlieren, geliebt und an jemanden gebunden zu sein, der ihnen wichtig ist, obwohl es in dieser Beziehung keine Liebe gibt. Die Angst vor dem Stigma der Scheidung ist in einigen Kulturen größer als die Angst, mit einem Gaslighter zusammenzuleben.

Es hilft auch nichts, wenn die Gesellschaft eine Mentalität fördert, die besagt, dass man mit seinem Partner alles durchstehen muss. In vielen Liebesliedern oder romantischen Filmen werden Frauen so dargestellt, dass sie für ihren Partner alles machen und alles mit ihm gemeinsam durchstehen. Diese Mentalität wird von Männern in der Gesellschaft normalerweise nicht erwartet. Frauen sollen ihren Männern zur Seite stehen, komme was wolle.

Normalisierung des Missbrauchs

Wenn das Opfer lange Zeit in einer missbräuchlichen Beziehung gelebt hat, kann es sein, dass es denkt, dass dieses Verhalten normal ist. Da Gaslighting eine heimtückische und allmählich stattfindende Form des Missbrauchs ist, kann es passieren, dass das Opfer das Verhalten seines Partners unwissentlich normalisiert. Nehmen wir zum Beispiel einen Gaslighter, der die Technik des falschen Mitgefühls anwendet. Er sagt seinem Opfer, dass es ihm wichtig ist und dass er nur das Beste für das Opfer will. Das

Opfer wird schlimme Dinge wie Isolierung oder sogar körperliche Gewalt mit Liebe und Fürsorge in Verbindung zu bringen. Auf diese Weise ist es unwahrscheinlich, dass sich das Opfer Hilfe sucht, weil es nicht mehr erkennt, dass es falsch ist, was sein Partner tut.

Körperliche Gefahr

Gaslighter sind in der Lage, alles dafür zu tun, um ihr Verhalten geheim zu halten. Der Machtverlust in Bezug auf das Opfer verstärkt das Gefühl der Unsicherheit und des geringen Selbstwertgefühls des Gaslighters. Der Gaslighter möchte wahrscheinlich seine Beziehung und auch seinen Status in der Gesellschaft behalten. Infolgedessen kann es passieren, dass er körperlich gewalttätig wird und sogar so weit geht, das Opfer zu töten.

In einigen Fällen droht der Gaslighter, sich selbst zu verletzen, wenn das Opfer ihn verlässt. Auf diese Weise wird die Verantwortung für sein Wohlergehen auf das Opfer übertragen. Wer möchte schon für den Tod eines anderen Menschen verantwortlich sein, insbesondere, wenn Sie bereits verwundbar und erschöpft sind? Statistiken von Organisationen, die sich dem Thema häuslicher Gewalt gewidmet haben, beweisen, dass in den ersten Wochen, nachdem eine Frau eine missbräuchliche Beziehung beendet hat, die Wahrscheinlichkeit um den Faktor 70 erhöht ist, dass sie getötet wird. Wenn eine Frau eine Beziehung beendet, muss sie sich um ihre Sicherheit kümmern und einen Plan haben, um außerhalb der Reichweite des Täters zu sein.

Erodiertes Selbstwertgefühl

Die Handlungen eines Gaslighters werden im Laufe der Zeit das Selbstwertgefühl und das Selbstbewusstsein des Opfers untergraben. Das Opfer hat das Gefühl, dass es nicht gut genug ist. Indem der Täter das Selbstwertgefühl des Opfers untergräbt, macht er das Opfer von ihm abhängig. Da der Täter in vielen Gaslighting-Beziehungen dem Opfer das Gefühl gibt, dass es niemanden gibt, der es liebt, weil es „einen Schaden hat", bleibt die Person, die Gaslighting erlebt, in der Beziehung.

Außerdem ist es schwierig, sich dem Kontrollmuster zu entziehen, das sich im Laufe der Jahre entwickelt hat und das zu einem Teil des Lebens des Opfers geworden ist. Dies ist einer der Gründe, warum ein Opfer wahrscheinlich zum Täter zurückkehren wird, wenn der Täter es darum bittet. Statistiken zeigen, dass eine Person in einer missbräuchlichen Beziehung bis zu sieben Mal versucht, die Beziehung zu beenden, bevor sie es endgültig macht.

Die Wiedergutmach-Flitterwochenphase

Ab und zu erhascht das Opfer in einer Gaslighting-Beziehung einen Blick auf die Person, in die es sich verliebt hat. Dies geschieht normalerweise während einer Entschuldigung nach einer missbräuchlichen Situation. Dies ist der typische Missbrauchszyklus, der darauf abzielt, das Opfer dazu zu bringen, seine Wachsamkeit abzulegen und den missbräuchlichen Vorfall zu vergessen. Die Flitterwochenphase ist jedoch nur von kurzer Dauer, da der Täter die Kontrolle über das Opfer behalten und es dazu weiterhin niedermachen muss.

Während der Wiedergutmach-Flitterwochenphase achtet der Täter besonders auf die Bedürfnisse des Opfers. Der Täter kauft dem Opfer Geschenke, hilft bei der Hausarbeit und zeigt ihm Liebe und Zuneigung. Der Täter bleibt jedoch seinem Gaslighting-Verhalten treu, indem er dafür sorgt, dass das Opfer anerkennt, wie viel Glück es hat, eine solche Person in seinem Leben zu haben, und dass sein Leben jeden Tag so aussehen würde, wenn das Opfer sich einfach nur benehmen würde.

Denken Sie daran, dass das Verhaltensmuster eines Gaslighters darin besteht, sich bei seinem Opfer einzuschmeicheln, damit es von Handlungen der Liebe in die Irre geführt wird.

Hoffnung auf eine bessere Zukunft

Das Opfer lebt immer in der Hoffnung, dass sich die andere Person ändert. Dies ist einer der Hauptgründe, warum es Entschuldigungen für den Täter vorbringt. Es glaubt, dass sich der Täter bessert, wenn die Dinge für ihn besser laufen. Dies gilt insbesondere für Menschen, die unter finanziellen Schwierigkeiten leiden oder eine lebensverändernde Situation wie eine Krankheit, den Verlust eines geliebten Menschen oder eine PTBS durchmachen. Aufgrund ihrer Liebe fühlt sich das Opfer schuldig, den Partner in der verletzlichsten Zeit seines Lebens allein zu lassen.

Religion

Opfern, die zutiefst religiös sind, fällt es schwer, eine Beziehung zu beenden, weil dies gegen ihren Glauben und ihre religiösen Werte verstößt. Bei Religionen, in denen Trennungen oder die Enthüllung von Missbrauch zu Ausgrenzung führen können, bleibt das Opfer wahrscheinlich in der Beziehung und kann sogar diejenigen Personen in seinem Umfeld, die über den Missbrauch Bescheid wissen (wie die Kinder), dazu zwingen, Stillschweigen zu bewahren.

Gemeinsame Vermögenswerte

Gemeinsame Kinder, gemeinsames Eigentum und gemeinsame Finanzen erschweren die Entscheidung, eine Beziehung zu beenden. Wenn Kinder involviert sind, kann es passieren, dass der Täter im Laufe der Zeit ein Narrativ für die Kinder entwickelt, die ihnen nützt. Das Opfer hat daher Angst, die Zuneigung der Kinder zu verlieren, wenn es die Beziehung beendet. Die Angst, die finanzielle Stabilität zu verlieren, insbesondere wenn es dem Täter finanziell besser geht, ist ein Hauptgrund, warum die Opfer in der Beziehung verbleiben. In Gaslighting-Freundschaften hat das Opfer Angst davor, die gemeinsamen Freunde zu verlieren, die es mit dem Gaslighter hat. Wenn Freunde zusammen in einer Wohnung leben, kann dies auch ein Grund sein, die missbräuchliche Freundschaft aufrechtzuerhalten.

Empathen sind die perfekten Partner für Gaslighter

Im vorigen Kapitel habe ich Ihnen die Geschichte von Greg erzählt, der einen besonderen Typ Frau hatte, den er auswählte und bei dem seine Gaslighting-Taktiken immer funktionierten. Es handelt sich dabei stets um Frauen, die vertrauenswürdig und einfühlsam gegenüber anderen waren. Einige Menschen gelten als Empathen und sind aufgrund ihrer natürlichen Veranlagung ein leichtes Ziel für Gaslighter.

Empathen sind Menschen mit einem hohen Bewusstsein für ihre eigenen Gefühle und die der Menschen in ihrem Umfeld. Solche Menschen sind im Einklang mit diesen Emotionen, sodass sie sich auch der Gefühle anderer Menschen bewusst sind und wissen, wie es diesen anderen Menschen geht, was sie brauchen und was ihnen fehlt. Verwechseln Sie Empathen jedoch nicht mit hochsensiblen Personen (HSP), die hauptsächlich introvertiert sind. Empathen können entweder extrovertiert oder introvertiert sein. Empathen neigen genau wie hochsensible Menschen dazu, ein tiefes und bereicherndes Innenleben haben zu wollen, und besitzen den starken Wunsch, anderen Menschen zu helfen. Sie interessieren sich für die Umstände und Erfahrungen anderer Personen und wollen Wege finden, um ihnen zu helfen. Empathen verinnerlichen den Schmerz und das Unbehagen eines anderen Menschen und spüren diese Schmerzen, als wären es ihre eigenen.

Empathen sind das genaue Gegenteil von Narzissten. Im Sensitivitätsspektrum befinden sich Narzissten, Soziopathen und Psychopathen am untersten Ende des Spektrums, hochsensible Personen im mittleren Bereich des Spektrums und Empathen am obersten Ende des Spektrums. Narzissten fühlen sich von der Natur und den Veranlagungen von Empathen angezogen, weil diese das Vertrauen, die Sicherheit und die Liebe ausstrahlen, die Narzissten so offensichtlich fehlt. Solche Kräfte und Fähigkeiten zu kontrollieren, ist verlockend für jemanden, dem diese Selbstsicherheit fehlt. Es handelt sich hierbei in Wirklichkeit um eine parasitäre Beziehung, in der der Täter sich von der Güte seines Opfers ernährt und es aussaugt, während er dabei sein Ego aufbläst.

Empathen müssen ihre Reaktionen auf Angst, Bedrohung, Stress und Unsicherheit verstehen, um eine gesunde Art der Reaktion auf Gaslighting-Taktiken entwickeln zu können. Die typische Reaktion eines Empathen in einer Gaslighting-Beziehung besteht darin, zu versuchen, die Situation zu lösen, anstatt den Täter zu verlassen. Empathen werden versuchen, sich selbst kleiner zu machen, und denken dabei, dass sie das große Ganze im Blick haben. Weil Empathen so sehr im Einklang mit den Gefühlen anderer Menschen sind, sind sie bereit, die ganze Arbeit zu tun, damit die Beziehung funktioniert, und Narzissten nutzen diese Charaktereigenschaft aus, um dafür zu sorgen, dass sich der Empath schuldig fühlt, wenn die Dinge nicht so laufen, wie sich der Gaslighter es wünscht.

Für Empathen ist es sehr wichtig zu verstehen, dass ihre Rolle in der Beziehung nicht darin besteht, den Narzissten glücklich zu machen. Das liegt in der Verantwortung des Narzissten. Sie können der netteste, hilfsbereiteste und geduldigste Mensch der Welt sein, doch ein Gaslighter wird sich dennoch nicht für Sie ändern. Gaslighter können sich nur für sich selbst ändern und Sie müssen zulassen, dass der Gaslighter dies tut. Die Sensibilität des Opfers wird als Erstes von dem Gaslighter ausgenutzt, weshalb es sich immerzu fragt: „Bin ich zu sensibel?"

Empathen besitzen einige bestimmte Charaktereigenschaften. Lesen Sie diese Anzeichen, um festzustellen, ob Sie ein Empath sind:

Sie verinnerlichen die Emotionen anderer Menschen

Dies ist die primäre, klassische Eigenschaft eines Empathen, welcher die Tendenz hat, die Emotionen anderer Menschen zu absorbieren. Diese Fähigkeit, die Emotionen anderer Menschen zu erfassen, war lange Zeit Gegenstand von Debatten und es stellte sich heraus, dass Menschen mit einem hohen Maß an Empathie sehr extrem aktive Spiegelneuronen haben. Spiegelneuronen befinden sich in dem Teil des Gehirns, der dazu in der Lage ist, emotionale Hinweise der Menschen in Ihrem Umfeld zu lesen und zu verstehen, wie diese sich fühlen. Aufgrund dieser Spiegelneuronen können Empathen Freude, Traurigkeit, Wut oder Angst bei anderen Personen erkennen. Empathen sind dazu in der Lage, die emotionalen Signale anderer Menschen zu erfassen, wie z. B. ein umherschweifender Blick, heruntergezogene Mundwinkel oder Veränderungen der Stimmlage. Diese Anzeichen helfen dem Empathen dabei zu verstehen, wie sich sein Gegenüber fühlt.

Empathen können Gefühle so sehr verinnerlichen, dass katastrophale Ereignisse, die sie im Fernsehen sehen oder im Radio hören, ihnen große Sorgen bereiten können. Wenn Empathen ein solches Ereignis selbst in ihrer Vergangenheit erlebt haben, kann es sogar passieren, dass sie dadurch völlig außer Gefecht gesetzt werden. Ein Beispiel für Empathen in solchen Situationen sind Menschen, die an Orten, an denen Terroranschläge oder andere Tragödien passiert sind, Blumen ablegen, Kerzen entzünden oder Mahnwachen abhalten. Diese Ereignisse bewegen Empathen so sehr, dass sie an den Ort gehen, an dem sie sich den Opfern und ihren Familien am nächsten fühlen und eine Geste der Liebe und Fürsorge vollbringen können.

Sie lassen sich von Stimmungen leiten

Die Stimmung in einem Raum oder die Stimmung, die von anderen Menschen ausgeht, ist Ihnen wichtig. Sie können sich auf Basis der Schwingungen, die ein Mensch ausstrahlt, mit dieser Person anfreunden oder nicht. Leider sind Narzissten sehr gut darin, eine großartige Ausstrahlung vorzutäuschen. Empathen lieben normalerweise die Natur und Gärten, weil sie dort ein Gefühl des Friedens verspüren und in einer solchen Umgebung neue Energie tanken können. Umgekehrt brauchen Konflikte, Chaos und Gewalt schnell die Energie eines Empathen auf, was dafür sorgen kann, dass er sich zurückzieht.

Wenn Sie sich an die Geschichte von Kellie Sutton in Kapitel 1 erinnern, dann werden Sie feststellen, dass sie von ihren Freunden und ihrer Familie als glücklicher, lustiger und lebensfroher Mensch beschrieben wurde, bis sie eine Beziehung mit Gane einging. Dies führte dazu, dass sie sich völlig veränderte und sich so sehr zurückzog, dass dies für die Menschen, die sie gut kannten, sehr auffällig war. Empathen können in unehrlichen Umgebungen nicht gedeihen.

Sie sind verständnisvoll

Dies ist der Grund, warum sich die Leute an Sie wenden, um Rat zu erhalten. Sie haben einen ausgeglichenen Charakter und eine Menge Erfahrung. Aus diesem Grund fühlen sich Menschen zu Ihnen hingezogen. Leider gilt dies auch für böse Menschen, die Sie womöglich nur ausnutzen möchten. Empathen sind ebenfalls ausgezeichnete Zuhörer, weil sie sich in die Lage der anderen Person hineinversetzen und ihre Gefühle spüren können.

Sie lieben lebendige Dinge

Empathen lieben das Leben und Lebewesen machen sie glücklich. Aus diesem Grund werden Sie feststellen, dass die meisten Empathen ein Haustier haben, Eltern sind oder sich auf irgendeine Art und Weise für Flora und Fauna einsetzen. Ihr Engagement für Tiere und Pflanzen mag für andere Menschen übertrieben erscheinen, für den Empathen ist sein Einsatz für die Tier- und Pflanzenwelt jedoch völlig normal. Die Gefühle eines Empathen sind im Vergleich zu anderen Menschen stets stärker. Es macht deshalb nur Sinn, dass Empathen oftmals Pflegeberufen nachgehen und beispielsweise in der Krankenpflege, Altenpflege oder in anderen Heilberufen arbeiten.

Sie sind schnell überfordert

Wie bereits erwähnt, sind die Gefühle von Empathen sehr ausgeprägt. Da sie also sowohl positive als auch negative Emotionen stark nachempfinden können, sind sie sehr anfällig für Überforderung. Vielleicht ist dies der Hauptgrund, warum Gaslighter schließlich die Empathie-Mauern des Opfers niederreißen können, weil der Empath die Wut, die Verärgerung und die negativen Stimmungen spüren kann, die von dem Gaslighter ausgehen. Dies führt dazu, dass der Empath sich selbst ändern, anpassen, eine alternative Wahrheit akzeptieren und sogar Missbrauch akzeptieren will, um die Beziehung zu verbessern.

Sie können Lügen erkennen

Ein Empath kann aufgrund der subtilen emotionalen Hinweise eines Lügners erkennen, wann Menschen lügen. Wenn also ein Empath von einem Gaslighter belogen wird, fällt es ihm schwer, mit einer Person zusammen zu leben, die ihm zwar sagt, dass er sie liebt, ihm aber dennoch ins Gesicht lügt. Empathen rationalisieren die offensichtliche Lüge, indem sie ihre eigene Realität oder Wahrnehmung von Ereignissen in Frage stellen, insbesondere, wenn der Gaslighter diese Ereignisse verändert, indem er so etwas sagt wie: „So habe ich diese Sache aber nicht in Erinnerung."

Sie wirken beruhigend auf Menschen

Ihre Stimme und Ihr Verhalten sind beruhigend und führen dazu, dass die Menschen in Ihrem Umfeld ruhig werden und die Dinge rational angehen. Sie werden feststellen, dass sich Ihre Freunde an Sie wenden, wenn sie Probleme haben, weil sie denken, dass Sie ein besonnener Mensch sind. Ebenso können Sie es nicht sehen, wenn ein anderer Mensch Schmerzen hat oder unglücklich ist. Dies mag für Sie selbst zwar Nachteile bieten, doch Sie werden so lange für Ihre Freunde da sein, bis es ihnen wieder gut geht.

KAPITEL 4:

Gaslighting in Liebesbeziehungen

Das Leben mit einem Gaslighter – die schreckliche Wahrheit

Märchenhafte Liebesgeschichten verleihen vielen Menschen ein falsches Gefühl für Romantik, welches zerbricht, wenn sie Beziehungen eingehen und herausfinden, dass sie anstatt mit einem smarten Prinzen mit einem Frosch zusammen sind. Doch Alexa war Realistin und sie war noch nie eine Frau, die auf ihren Prince Charming wartete. Wenn ihre Freunde sie beschrieben, stimmten sie alle darin überein, dass sie eine Pragmatikerin war, obwohl sie auch ein sehr fürsorglicher, liebevoller, hilfsbereiter und nachdenklicher Mensch sein konnte.

Doch als sie Nicholas kennenlernte, wollte er ihr unbedingt beweisen, dass es die perfekte Beziehung gibt und dass er ihr Mr. Charming war. Er führte sie in tolle Restaurants aus, flog mit ihr in den Urlaub an exotische Orte, kaufte ihr teure Geschenke und benahm sich wie ein echter Gentleman. Er war ihr größter Unterstützer, wenn es um ihre Karriere als Schönheitschirurgin ging. Sie war angenehm überrascht, da sie in der Vergangenheit schlechte Erfahrungen mit einigen Männern gemacht hatte. Ihre Freunde freuten sich für sie und ihre Mutter war endlich begeistert, dass sie jemanden kennengelernt hatte, der ihr gut tat, wodurch es für sie schwierig wurde, ihr von den Unstimmigkeiten, die sie unmittelbar nach ihrer Hochzeit bemerkt hatte, zu berichten.

Da sie ihre eigene Praxis für kosmetische Chirurgie sowie mehrere Angestellte hatte, konnte sie mit Nicholas zu seinen Geschäftstreffen auf der ganzen Welt reisen. Außerdem mochte er es, sie mitzunehmen. Er war ohne sie verloren und konnte sich nicht konzentrieren, wenn sie nicht in seiner Nähe war. Nicholas war ein reicher Mann und so begann er Andeutungen zu machen, dass sie nicht mehr arbeiten müsse. Er wollte eine Familie und Stabilität, also schlug er vor, dass sie kündige, um eine Familie zu gründen.

Sie lehnte diesen Vorschlag natürlich ab und das war der erste Tag, an dem sie die andere Seite von Nicholas sah. Sie führten diese Diskussion zum x-ten Mal und sie erklärte ihm noch einmal, warum sie ihre Karriere nicht aufgeben konnte. Plötzlich schleuderte er sein Scotchglas durch den Raum, drehte sich wütend zu ihr um und sagte: „Du bist nichts ohne mich! Glaubst du, dass Tabitha (ihre Partnerin in der Praxis) dich in der Klinik haben will? Sie weiß, dass du nicht so gut bist und dass sie es auch ohne dich schaffen wird!"

Alexa war zuerst schockiert, doch dann spürte sie, wie die Wut in ihr aufstieg. „Das ist eine Lüge", sagte sie leise. Tabitha war seit über 15 Jahren ihre beste Freundin und sie hatten die Praxis vor zehn Jahren von Grund auf neu aufgebaut. Nicholas stand abrupt von der Couch auf, wechselte die Taktik und sagte mit Tränen in den Augen und in einem verletzten Tonfall: „Ich tue das nur zu deinem eigenen Besten. Ich habe dafür hart gearbeitet, damit die Frau, die ich liebe, all den Luxus im Leben haben kann und du lehnst meine liebevolle Geste immer und immer wieder ab, als würde sie dir nichts bedeuten. Warum bist du so grausam zu mir?" Danach stürmte er aus dem Haus und sie hörte, wie er in sein Auto stieg und wegfuhr.

Alexa war sich nicht sicher, wie sie sich fühlen sollte. Sie war sich nicht sicher in Bezug auf seinen Angriff und die abfällige Art und Weise, mit der er über ihre Arbeit und über ihre beste Freundin gesprochen hatte, weil sie dachte, dass sie nicht gut genug sei. Hatte Tabitha etwas zu ihm gesagt? Tabitha hatte ihn von Anfang an nicht gemocht, schien jedoch nach der Hochzeit damit aufgehört zu haben, sich schlecht über ihn zu äußern, und so nahm sie an, dass ihre Freundin ihren Ehemann am Ende doch noch liebgewonnen hatte. Aber warum hatte er zu ihr gesagt, dass sie sich grausam ihm gegenüber verhielt? Sie fühlte sich schlecht dafür, dass er dachte, dass sie den Lebensstil, der er ihr bot, nicht schätzte. Doch wäre es nicht möglich, dankbar zu sein und dennoch weiterzuarbeiten? Seufzend räumte sie das zerbrochene Glas weg, das er quer durch den Raum geschleudert hatte und setzte sich auf das Sofa, um auf ihn zu warten und um die Dinge wieder geradezurücken. Er mochte überreagiert haben, doch er hatte das aus Liebe getan.

Es war 5 Uhr morgens, als Nicholas zurück nach Hause kam und als sie ihn fragte, ob es ihm gut gehe und wo er gewesen sei, ging er direkt an ihr vorbei. Er sprach vier Tage nicht mehr mit ihr und als sie sich entschuldigte, tat er so, als hätte er sie nicht gehört. Nachdem sie sich mehrmals entschuldigt hatte, begann er endlich wieder mit ihr zu sprechen. Jedoch machte er ständig Kommentare darüber, dass sie ihren Job kündigen sollte. Die Kommentare reichten von „Schau dir an, wie müde du jeden Tag bist, nur wegen dieser Praxis" bis hin zu „Wir könnten so viel glücklicher sein, wenn du nur deinen Job kündigen und mehr Zeit mit mir verbringen würdest". Manchmal wartete er vor ihrem Büro und sagte ihr, dass er einsam ohne sie daheim wäre. Er bestand darauf, dass sie ihn zu seinen Geschäftsmeetings begleitete, egal wo diese stattfanden, was die Zeit, die sie in ihrer Praxis verbrachte, effektiv verkürzte. Als sie ihm dies sagte, antwortete er: „Ich kann deutlich erkennen, dass deine Priorität in dieser Beziehung dein Job ist und nicht ich. Wir könnten ein großartiges Leben führen, doch du machst alles kaputt, indem du an diesem Job festhältst."

Alexa sprach auch mit Tabitha über die Aussagen, die er über sie gemacht hatte, doch Tabitha hatte seit Monaten nicht einmal mehr mit Nicholas gesprochen. Tatsächlich war das letzte Mal, dass sie sich miteinander unterhielten, der Abend von Alexas Verlobungsfeier, als sie ihm und Alexa gratulierte. Laut Tabitha hatte sich ihre Meinung über Nicholas nicht geändert, doch sie respektierte Alexas Entscheidung und ihre Freundschaft, weshalb sie sich zurückgezogen hatte.

Sechs Monate nach der Heirat kaufte Nicholas Alexa ein Auto der Luxusklasse, das er vor ihrer Praxis abstellte. Er wartete vor der Praxis, um sie zu überraschen. Alexa verließ ihr Büro und unterhielt sich lachend mit Tim, dem Pflegeleiter der Klinik. Als sie ihren Ehemann sah, ging sie hinüber, um ihn zu begrüßen. Anstatt dass ihr ein glücklicher Ehemann alles Gute zum Geburtstag wünschte und die Autoschlüssel gab, lächelte er sie kaum an und warf ihr die Schlüssel zum Auto zu. Er blieb stehen, um zu beobachten, wie ihre Freunde und Kollegen das Auto bewunderten und ihr sagten, wie viel Glück sie habe.

Als sie sich auf dem Weg zu der Geburtstagsfeier befanden, die er für sie organisiert hatte, bedankte sie sich überschwänglich für das Auto, doch er sagte kaum ein Wort. Besorgt fragte sie ihn, was los sei, woraufhin er sie beschuldigte, ihm untreu zu sein. Geschockt von dieser Anschuldigung fragte sie ihn, wovon er rede, und er fragte sie, wer Tim sei und woher sie sich kannten. Als sie antwortete, dass er der Pflegeleiter in ihrer Praxis sei, beschimpfte er sie aufs Übelste und unterstellte ihr, eine Affäre mit Tim zu haben, weswegen sie nicht dazu in der Lage sei, ihren Job zu kündigen. Wie betäubt saß sie den restlichen Heimweg ruhig auf ihrem Sitz.

Sie machten sich für die Party fertig und verließen das Haus, ohne miteinander ein Wort zu wechseln. Auf der Party fiel es Alexa schwer, sich so zu verhalten, als wäre alles in Ordnung, vor allem, weil Tim ebenfalls da war und er sich wie ein Trottel benahm. Als sie ihre Geschenke erhielt, konnte sie Tim kaum in die Augen schauen und sie umarmte ihn steif, als er ihr sein Geschenk überreichte. Sie murmelte ein Dankeschön, wandte sich dem nächsten Geschenk zu und ließ Tim stirnrunzelnd stehen. Sie konnte hören, wie er Tabitha fragte, ob es ihr gut gehe. Sie sah ihre Mutter und ging freudestrahlend auf sie zu, umarmte sie und nahm ihr ihren Mantel ab. Ihre Mutter sagte leise zu ihr, dass sie sie für einen kurzen Moment sprechen wolle. Sie fragte sich, was los war und folgte ihrer Mutter nach draußen. „Hey Mama, schön dich zu sehen. Geht es dir gut?" Ihre Mutter war ein sehr direkter Mensch, also kam sie sofort zur Sache. „Nicholas sagt, dass du keine Familie haben willst. Was ist los? Ich dachte, dass du immer eine eigene Familie haben wolltest?" „Unglaublich", murmelte Alexa leise. „Mama, Nicholas möchte, dass ich meinen Job kündige und zu Hause bleibe oder mit ihm verreise. Du weißt, wie viel Arbeit ich in diese Praxis gesteckt habe. Das kann ich nicht tun. Aber ich habe nie gesagt, dass ich keine Familie will. Warum muss ich mich entscheiden? Warum kann ich nicht beides haben?" „Er hat mir gesagt, dass du es ablehnst, deinen Job zu kündigen, und ich muss sagen, dass ich ihm zustimme. Er hat alles, was du brauchst und er ist ein toller Ehemann. Er ist finanziell abgesichert. Wieso kündigst du nicht also deinen Job?"

Wie benommen starrte Alexa ihre Mutter an. Die Mutter fühlte sich mit einem Mal unwohl und räusperte sich schnell, um hinzuzufügen: „Schatz, ich möchte, dass du glücklich bist und einen besseren Ehemann wie Nicholas wirst du nicht finden. Er liebt dich und will dich nur glücklich machen. Ich denke, dass er Recht hat, wenn er sagt, dass du in Bezug auf deine Unabhängigkeit paranoid bist. Bitte denke noch einmal darüber nach, denn es verletzt ihn wirklich." Alexa fühlte sich fürchterlich und sie hatte überhaupt keine Lust mehr auf ihren Geburtstag. Sie stand in der warmen Nachtluft und spürte, wie eine Faust ihr Herz umschloss.

Die Heimfahrt war angespannt und sie erinnerte sich an den Ausdruck auf Tabithas Gesicht, als sie ihr während der Party ihre missliche Lage verriet. Ihre Freundin sah entsetzt aus, nicht nur bei dem Gedanken, dass Alexa die Praxis verlassen würde, sondern auch wegen der Unterstützung, die Nicholas bei ihrer Mutter gesucht hatte. Als sie zu Hause ankamen, war Alexa auf dem Weg ins Schlafzimmer, als ein kleinlauter Nicholas zu ihr sagte: „Lexie, Schatz, es tut mir leid, dass ich dich und Tim beschuldigt habe, eine Affäre zu haben. Es ist nur so, dass ich nicht verstehen kann, warum du so stur bist und nicht willst, dass ich mich um dich kümmere. Bitte gib meinem Vorschlag eine Chance und ich verspreche dir, dass du es nicht bereuen wirst."

„Hast du mit Mama über darüber gesprochen?", fragte Alexa ihn. Er zuckte zusammen und sagte: „Ja, das habe ich getan. Ich war verzweifelt und dachte, sie könnte mir helfen und mit dir reden. Deine Mutter weiß, was ich vorhabe. Wenn ich du wäre, würde ich auf sie hören. Du weißt, dass sie dich niemals falsch beraten würde." Alexa konnte fühlen, wie der Streit sie kraftlos machte, und drehte sich um, um wegzugehen. Sie ging ins Bett und fiel in einen unruhigen Schlaf, der durch lautes Schluchzen unterbrochen wurde. Als sie aufwachte, erschrak sie sich fürchterlich, als sie Nicholas in Fötusposition am Fußende ihres Bettes zusammengerollt vorfand, der laut schluchzte und drohte, sich umzubringen, falls sie jemals aufhören würde, ihn zu lieben. „Warum willst du nicht, dass ich dich glücklich mache? Sei einfach in meiner Nähe oder ich schwöre, dass ich ins Büro gehen und eines Tages nicht mehr zurückkommen werde. Versprich es mir jetzt. Versprich mir, dass du diesen Job kündigst und bei mir bleibst."

Trotz ihres Schreckens über das, was sie gerade miterlebt hatte, beruhigte Alexa Nicholas, indem sie ihn beschwichtigte und versprach, dass sie ihren Job am Ende des Monats kündigen würde, nachdem sie ihre Angelegenheiten in Ordnung gebracht hatte. Er kehrte ins Bett zurück und hielt sie für den Rest der Nacht fest, fast so, als wolle er sie nie wieder loslassen. Am nächsten Tag schien er besser gelaunt zu sein und zeigte sich von seiner liebevollen, fröhlichen Seite. Alexa begann zu überlegen, ob sie vielleicht die Praxis aufgeben sollte, damit Frieden einkehrte und um Episoden wie die von letzter Nacht zu vermeiden.

Zwei Monate später, erschöpft von dieser Achterbahn der Gefühle, gab Alexa schließlich nach und verkaufte ihren Teil der Praxis an Tabitha.

An ihrem letzten Arbeitstag konnte sie kaum damit aufhören zu weinen und dachte darüber nach, was sie aufgab. Als sie nach Hause kam, machte sie Abendessen und informierte Nicholas, dass sie nun keine beruflichen Pflichten mehr hatte, genau wie er es wollte. Sie sagte ihm, dass sie nicht wolle, dass er noch einmal so reagierte wie in der Nacht ihrer Geburtstagsfeier, in der er ihr gedroht hatte, sich wegen ihrer Entscheidungen das Leben zu nehmen. Sofort antwortete Nicholas: „Das habe ich nicht gesagt." „Wie bitte?", sagte Alexa. „Ich habe nie gesagt, dass ich mir das Leben nehmen würde. Da erinnerst du dich falsch. Ich habe gesagt, dass du mir versprechen sollst, mich nicht zu verlassen, aber ich habe nicht damit gedroht, mich umzubringen. Ich bin kein Mensch, der so etwas tun würde, aber du vielleicht.", sagte Nicholas.

Alexa saß mit gerunzelter Stirn da und erinnerte sich an ihren Geburtstag, von dem Geschenk über die Party bis hin zu der Episode in der Nacht, und sie hätte schwören können, dass er gesagt hatte, er würde sich umbringen. Deshalb hatte sie sich ja solche Sorgen gemacht und hatte schlussendlich die Entscheidung getroffen, ihren Job zu kündigen. Nicholas kaute sein Essen, schüttelte den Kopf und sagte: „Du bist verrückt. Deine Paranoia gerät außer Kontrolle." Als sie darauf bestand, dass er diese Worte gesagt hatte, befahl er ihr, nicht mehr zu versuchen, ihn als verrückt dastehen zu lassen. Er bestand darauf, dass sie diejenige war, die sich wie eine Verrückte verhielt, weil sie ihn beschuldigte, sich umbringen zu wollen. Alexa ging nicht weiter darauf ein, aber sie fragte sich immer wieder, ob er Recht hatte.

In den nächsten drei Monaten nach ihrer Kündigung zog sich Nicholas immer mehr zurück und wenn er mit ihr sprach, war es eher eine Anweisung als ein Gespräch. Er wies sie an, was sie anziehen sollte, wie sie ihre Haare frisieren sollte und sogar mit wem sie sprechen sollte. Er legte die gesamte Kommunikation im Haus lahm, sodass sie niemanden mehr anrufen konnte. Als sie ihn fragte, warum er das machte, tat er zuerst so, als wäre das Telefon in Ordnung und als ob sie paranoid wäre. Dann tat er so, als ob etwas mit der Telefongesellschaft nicht stimmen würde und sagte, er würde es klären. Als sie sich schließlich selbst an die Telefongesellschaft wandte und herausfand, dass ihre Leitung nicht mehr funktionierte, weil er den Vertrag gekündigt hatte, konfrontierte sie ihn damit und er behauptete, dies für sie getan zu haben. Er wusste, dass sie jeden Tag mit Tabitha sprach, und sagte, dass ihr diese Gespräche nicht dabei helfen würden, ihren alten Job zu vergessen, und dass sie sich darauf konzentrieren solle, mit ihm eine Familie zu gründen.

Eines Abends kam Alexas Mutter zum Abendessen vorbei und sagte ihr, wie gebrechlich und blass sie aussah. „Ist alles in Ordnung, Lexie?" Alexa beschloss, sich ihrer Mutter zu öffnen und zu erklären, wie sich Nicholas verändert hatte. Er kontrollierte sie immer mehr und wollte nicht einmal, dass sie alleine einkaufen ging. „Er hat mich gebeten, nicht mehr Yoga zu machen, und er kontrolliert sogar, was ich esse. Tabitha und die Mädchen sind hier nicht willkommen und Mama, ich glaube, dass ich noch verrückt werde, weil ich schwören könnte, dass er etwas sagt und es später jedoch leugnet." Während sie sich unterhielten, betrat Nicholas das Zimmer und sah seine Frau mit eisigem Blick direkt an. Aber als er sich zu seiner Schwiegermutter umdrehte, schenkte er ihr ein warmes Lächeln und umarmte sie lange.

„Hey Mama", sagte er. „Gut schaust du aus." Er schnappte sich einen Teller und sagte: „Hör zu, ich sage dir immer wieder, dass Lexie paranoid ist. Jetzt glaubt sie, dass ich nicht möchte, dass sie Freunde hat. Warum sollte ich das wollen?" Alexa senkte ihren Blick, als er sie ansah, und blickte dann ihre Mutter an. Ihre Mutter schaute sie mit einem merkwürdigen Blick an und bat sie darum, ihr beim Servieren des Desserts zu helfen, das sie zum Abendessen mitgebracht hatte. In der Küche fragte Alexas Mutter sie direkt: „Hat Nicholas dich jemals geschlagen?" „Nein Mama, es ist nicht physisch, es ist nur ... ich kann es nicht erklären.", sagte Alexa.

„Nun, vielleicht interpretierst du gerade viel mehr in seine Handlungen hinein als du solltest, jetzt wo du mehr zu Hause bist. Wie er bereits gesagt hat ... warum sollte er dich daran hindern, deine Freunde zu sehen? So ist eine Ehe, Schatz. Ihr müsst euch einfach nur gegenseitig verstehen."

Alexa versuchte also, ihren Ehemann zu verstehen, aber je mehr sie es versuchte, desto weniger machte sein Verhalten Sinn.

Zwei Jahre nach der Heirat hatten sie immer noch keine Kinder, weil Nicholas sagte, er wolle, dass alles perfekt sei. Wenn sie ihn danach fragte, sagte er: „Du könntest jetzt schwanger werden, wenn du willst, aber ich denke nicht, dass du mit deiner Paranoia eine gute Mutter abgeben würdest." An seinem Geburtstag schmollte er und als sie ihn fragte, warum er sauer sei, beschwerte er sich über ihr Geschenk. „Du schenkst mir die billigsten Geschenke, was mir sagt, dass du mich nicht so sehr liebst wie ich dich. Wenn du das tust, würdest du in mich und mein Glück investieren. Wir könnten ein großartiges Paar sein, aber du bringst alles immer wieder durcheinander."

Er nahm sie nicht mehr auf seine Geschäftsreisen mit, weil sie sich nicht benähme und sie ihm peinlich wäre. Einmal unterhielt sie sich während eines Abendessens mit einem wichtigen Mitglied der Geschäftsdelegation, welches Nicholas für seine intelligente und charmante Frau lobte. Sofort zog er sie beiseite und sagte ihr, sie solle aufhören, sich so zu benehmen. Auf dem Heimweg explodierte er und sagte: „Genau deshalb nehme ich dich nicht mehr mit. Du machst ein Spektakel aus dir und lässt mich schlecht aussehen. Denkst du, dass er dich für schlau hält? Er war nur höflich. Ich kann keine Kinder mit jemandem wie dir haben." Alexa war mittlerweile an diese Ausbrüche gewöhnt, also zuckte sie nicht zusammen. Stattdessen versprach sie, eine bessere und ruhige Frau zu sein. Zu Hause zog sie müde ihre Kleidung aus und ihren Schlafanzug an. Sie dachte daran, wie müde und allein sie war.

Am nächsten Tag informierte sie ihren Mann, dass sie zum Friseur gehen wollte. Dies war eines der Dinge, auf die sie sich freute, obwohl er darauf bestanden hatte, dass ihr Friseur ins Haus kam. Im Friseursalon traf sie auf Tabitha, die sie seit fast zehn Monaten nicht mehr gesehen hatte. Als sie ihre Freundin sah, liefen ihr die Tränen über das Gesicht. Tabitha war schockiert darüber, wie niedergeschlagen ihre Freundin aussah. Sie bestand darauf, mit ihr Mittagessen zu gehen. Während Alexa ihr Essen auf ihrem Teller herumschob, erzählte sie ihrer Freundin alles, was vor sich ging. Da Nicholas ihr das Mobiltelefon weggenommen hatte und ihr ein

Gerät gegeben hatte, das nur seine Nummer und einige Nummern von ausgewählten Freunden enthielt, konnte sie mit niemandem Kontakt aufnehmen.

Alexa sagte, sie habe Angst, ihren Verstand zu verlieren, und schluchzte herzzerreißend. Tabitha ging über die Straße, kaufte ihr ein Telefon und gab es ihr. „Wenn du mich brauchst, ruf mich an und ich komme vorbei, egal zu welcher Uhrzeit. Bewahre dieses Handy auf, Alexa, das ist dein Lebensretter." Sie kehrten in den Salon zurück und ließen sich die Haare machen. Während dieser Zeit konnte Tabitha hin und wieder sehen, wie ihre früher so lebenslustige Freundin lächelte. „Warum versteckst du dein Lachen hinter deiner Hand? Das hast du früher nie gemacht", fragte Tabitha. Ein Schleier der Traurigkeit fiel sofort auf das Gesicht ihrer Freundin. „Nicholas mag mein Lächeln wegen meiner krummen Zähne nicht." „Was für krumme Zähne? Deine Zähne sind perfekt – das war schon immer so." In diesem Moment wurde Tabitha klar, was ihre Freundin durchmachte. Sie lebte mit einem Gaslighter zusammen und merkte es nicht einmal! Wenn sie nichts tun würde, würde Alexas Leben zerstört werden. Aber was könnte sie tun?

Als sie sich trennten, sprach Tabitha ein kurzes Gebet für die Sicherheit ihrer Freundin.

Als Alexa nach Hause kam, traf sie auf einen wütenden Nicholas. „Ich habe den Salon angerufen, um mit dir zu sprechen, aber du hast dein Handy hier gelassen. Im Salon sagte man mir, dass du mit einer Frau geredet hast. Wer ist sie? Oder ist das ein Ablenkungsmanöver, um deinen Geliebten zu treffen? Ich wusste, dass du nichts wert bist, und deshalb kann ich keine Kinder mit dir haben." Alexa versuchte, ihm zu erklären, dass es Tabitha war. „Ohhhh Tabitha! Hat sie dich abgeholt, damit du zu Tim gehen kannst?" Alexa war so erschöpft und ausgelaugt, dass sie nur in Tränen ausbrach und ihn weiter schimpfen ließ. Als es zu viel wurde, rannte sie ins Badezimmer und schloss sich ein. Sie fing gerade an, sich zu beruhigen, als sie das Geräusch eines Elektrogeräts an der Tür hörte. Sie war sich nicht sicher, was los war, und beschloss, sich das Gesicht zu waschen, bevor sie die Tür aufmachte. Plötzlich sah sie die Tür in den Scharnieren schwanken. Er schraubte die Tür an den Scharnieren ab, um zu ihr zu gelangen! Sie hatte schreckliche Angst, als sie sah, wie die Tür abgebaut wurde, und war sich sicher, dass sie heute dort sterben würde, wenn er es zu ihr in das Badezimmer schaffte. Doch stattdessen stellte er die Tür ruhig zur Seite, nachdem er sie entfernt hatte und sagte zu ihr: „Ich möchte nicht, dass es Barrieren zwischen uns gibt. Ich zeige dir, dass ich dich liebe."

In dieser Nacht schlief sie ein, immer noch tief verstört von den Ereignissen des Tages, bis sie plötzlich durch das Geräusch von zerbrechendem Glas geweckt wurde. Sie dachte, es sei ein Einbrecher, also griff sie nach Nicholas, doch dieser lag nicht neben ihr im Bett. Sie ging auf Zehenspitzen die Treppe hinunter und flüsterte: „Nicholas!" Dann bemerkte sie, dass die Tür zum Arbeitszimmer offen war. Sie rannte in das Arbeitszimmer und fand Nicholas auf dem Boden liegen, ein Glas Scotch lag zerbrochen in einer Ecke und Tabletten lagen auf seinem Schreibtisch. Sie schrie und rief den Notarzt. Dies war das dritte Mal, dass er dies getan hatte. Nicholas wurde ins Krankenhaus gebracht und sein Magen wurde ausgepumpt. Als sie ihn besuchte, sah er sie mürrisch an und sagte: „Schau, wozu du mich getrieben hast. Ich kann dich nicht verlieren und wenn es jemand anderen gibt, dann werde ich es nicht zulassen, dass du glücklich wirst. Wenn ich dich nicht haben kann, dann werde ich dich nicht in Frieden lassen, auch wenn das bedeutet, dass ich sterben und zurückkommen muss, um dich zu verfolgen."

Als Alexa dort stand und ihn ansah, fiel ihr auf, wie hilflos sie war. Die Krankenschwester kam in das Krankenzimmer und informierte sie, dass die Besuchszeiten vorbei waren. Sie beugte sich über ihn und küsste seine Stirn. „Wir sehen uns, Nicholas." „Komm morgen früher, damit wir mehr Zeit miteinander verbringen können", sagte er. Als sie hinausging, griff sie nach dem Telefon in ihrer Tasche und wählte die einzige Nummer, die darin gespeichert war. „Tabitha, bitte komm und hilf mir, meine Sachen zu packen."

Alexa erwirkte eine einstweilige Verfügung gegen Nicholas und reichte die Scheidung ein. Sie zog an einen Ort, an dem Nicholas sie nicht finden konnte, und lebte von dem Geld aus dem Verkauf ihres Teils der Klinik an Tabitha. Zuletzt hörte sie, dass Nicholas wegen häuslicher Gewalt vor Gericht stand. Als sie auf die drei Jahre zurückblickte, die sie diesem Mann geschenkt hatte, fragte sie sich, was wohl passiert wäre, wenn sie nicht gegangen wäre. Würde sie noch leben oder wäre sie schon tot? Gott sei Dank würde sie es wohl nie erfahren. Alexas Mutter ging eines Tages auf dem Parkplatz eines örtlichen Lebensmittelladens auf Nicholas zu und verpasste ihm eine schallende Ohrfeige. „Das ist dafür, dass du das Kostbarste in meinem Leben kaputt gemacht hast."

Die 7 Stufen des Gaslighting in einer Beziehung

Gaslighting ist eine anhaltende Form des Missbrauchs, die nicht nachlässt und die dem Opfer Schritt für Schritt angetan wird. Wenn Gaslighting in milder Form erlebt wird, findet eine subtile Machtverschiebung statt, bei der das Opfer immer dem Täter unterworfen ist.

Wenn es einem starken Gaslighting ausgesetzt ist, kann es sein, dass das Opfer völlig den Bezug zur Realität verliert und dass seine Gedanken voll und ganz von dem Täter gesteuert werden. Sektenanführer sind dafür bekannt, dass sie starke Gaslighting-Methoden einsetzen, welche effiziente Taktiken zur Gedankenkontrolle beinhalten, um ihre Mitglieder dazu zu bringen, bestimmte Handlungen zu begehen, wie sich selbst oder sogar andere Menschen zu töten, wie im Fall von Charles Manson und der Manson Family.

Gaslighting besteht aus sieben Stufen. Jede Stufe baut auf der vorherigen auf und erhöht das Ausmaß der Manipulation noch ein Stück mehr.

Schritt 1: Übertreiben und lügen

Wie schon erwähnt basiert Gaslighting auf Lügen und es ist nicht möglich, Gaslighting durchzuführen, ohne zu lügen. Damit die Gaslighting-Methoden effektiv sind, muss die Lüge etwas übertrieben werden. Die Übertreibung soll verschiedene Tatsachen aufzeigen, die dem Opfer glauben machen sollen, dass die Geschichte zu viele Details enthält, um eine Lüge zu sein. Je besser die Ausschmückungen, desto glaubwürdiger die Geschichte.

Gaslighter sind Meister darin, ein neues Narrativ um eine Geschichte herum zu bauen und sie auszuschmücken. Nehmen wir einmal folgendes Beispiel an: Sie haben zufällig einen Freund des anderen Geschlechts in der Öffentlichkeit getroffen. Später wird der Gaslighter jedoch den Verlauf dieser Interaktion ausschmücken, um sein Narrativ zu unterstützen. Wenn es ein Freund war, der Ihre Schulter berührt hat, während er mit Ihnen gesprochen hat, wird der Gaslighter erklären, dass der Freund mit Ihnen geflirtet hat und dass Sie es nicht bemerkt haben. Der Gaslighter sagt Ihnen, dass er genau weiß, was Ihr Freund im Schilde führt. Unterstützt durch die Übertreibungen des Gaslighters wird ein einfaches, unschuldiges Treffen zu einer schlimmen Sache. Das Opfer fragt sich, ob es etwas nicht mitbekommen hat, und dankt dem Gaslighter dafür, dass dieser auf sein Wohlbefinden geachtet hat.

Gaslighter werden auch andere Menschen belügen, um Sie zu diskreditieren. Zum Beispiel wird ein Gaslighter-Chef in Bezug auf Ihre Leistungen lügen und Sie sogar für Fehler im Unternehmen verantwortlich machen, selbst wenn Sie nichts damit zu tun haben. Fakten und Beweise mögen zwar das Gegenteil beweisen, doch das bedeutet nicht, dass Gaslighter nicht versuchen werden, Sie zu beeinflussen mit dem Ziel, Sie zu diskreditieren.

Die Lügen sollen die Wahrheitsschwelle des Opfers aufbrechen und das Opfer in die Defensive führen. Während dieser Phase können Sie erwarten, solche Sätze zu hören wie:

„Ihre Abteilung ist eine Verschwendung von Ressourcen, weil Sie nichts erledigt bekommen. Wie rechtfertigen Sie Ihr Gehalt?"

„Sie würden die Wahrheit nicht einmal erkennen, wenn sie Ihnen ins Gesicht schlagen würde. Sie können sich nicht einmal an die grundlegendsten Details erinnern, deshalb muss ich Sie weiterhin kontrollieren."

Schritt 2: Wiederholung

Donald Trump ist als „Gaslighter in Chief" bekannt und eine seiner Lieblingstaktiken ist die Wiederholung von Unwahrheiten, bis seine Unterstützer und andere Menschen anfangen zu glauben, dass seine Worte wahr sind. Zum Beispiel zeigte er während einer seiner Kundgebungen auf die Pressevertreter, die über die Veranstaltung berichteten und sagte, dass diese „Fake News" verbreiten würden. Die Menge begann, die Presse auszubuhen. Der Präsident der Vereinigten Staaten sagte, dass die Medien Falschnachrichten verbreiten würden, was seine Unterstützer glaubten. Ehemals angesehene Medienhäuser wie CNN und BBC haben deswegen in der Öffentlichkeit stark an Glaubwürdigkeit verloren.

Doch verbreiten diese Medienhäuser wirklich falsche Nachrichten? Aus ihrer Berichterstattung geht hervor, dass ihre Nachrichten auf Fakten überprüft wurden und ihre Quellen glaubwürdig sind. Tatsächlich haben Medienhäuser wie CNN einige der offensichtlichsten Lügen und Übertreibungen von Trump überprüft und konnten nachweisen, dass Donald Trump eigentlich derjenige ist, der falsche Nachrichten verbreitet. Doch er wiederholte den Satz mit den Fake News so oft und diskreditierte glaubwürdige Nachrichtenquellen so oft, dass er ein Muster etablieren konnte, das heute von Diktatoren auf der ganzen Welt verwendet wird. Diktatoren nennen ab sofort alle für sie ungünstigen Nachrichten falsche Nachrichten.

Das ist das perfekte Beispiel dafür, was passiert, wenn Gaslighter bestimmte Sätze wiederholen. Sie werden zur alternativen Wahrheit und von vielen Menschen als neue Realität akzeptiert. In romantischen Beziehungen verwendet der Gaslighter Wörter wie „verrückt", „paranoid", „krank", „instabil" und „durchgeknallt", um sein Opfer in der Öffentlichkeit zu beschreiben. Dies kann dazu führen, dass Freunde, Familie und sogar Bekannte das Opfer durch diese Brille betrachten.

Die Wiederholung von Lügen gibt dem Gaslighter die Dominanz über das Gespräch und hält das Opfer in der ständigen Defensive, wodurch es wiederum schwach erscheint, auch gegenüber sich selbst. Einige Opfer ziehen sich daraufhin vollständig aus dem Gespräch zurück, um nicht von ihrem Partner auf diese Weise dargestellt zu werden. Doch der Täter wird dieses Schweigen weiterhin nutzen, um zu zeigen, wie sich der Zustand des Opfers weiter verschlechtert. Sie können gegen einen Gaslighter nicht gewinnen.

Schritt 3: Eskalation

Eine Eskalation tritt typischerweise in einer Gaslighting-Beziehung auf, wenn der Gaslighter herausgefordert wird. Auf diese Weise muss dieser noch eine Schippe draufpacken. Dies ist der Fall, wenn eine Person bemerkt, dass der Gaslighter entweder gewalttätig, aggressiv oder bedrohlich für die Menschen in seiner Umgebung wird. Der Gaslighter wird sich auf die Menschen konzentrieren, die das Opfer am meisten schätzt, wie seine Kinder oder Eltern, und dem Opfer damit drohen, diesen Menschen Schaden zuzufügen oder ihm die Kinder wegzunehmen.

Wenn Sie einen Gaslighter bei einer Lüge ertappen, fühlt er sich verwundbar und dies führt dazu, dass er seine Dominanz wiedererlangen will. Dazu muss der Gaslighter etwas finden, das seine Kontrolle über das Opfer verdoppelt. Aus diesem Grund konzentriert sich der Gaslighter auf Dinge, die das Opfer liebt. Sie können erwarten, solche Sätze zu hören wie:

„Weißt du, diese Paranoia ist der Grund, warum ich denke, dass die Kinder in Gefahr sind. Wer weiß, was du zu ihnen sagst. Ich werde dir die Kinder wegnehmen, weil du eine Gefahr für sie bist."

„Deine Eltern sind ohne dich besser dran, weil du immer verrückter wirst. Ich werde sie in ein Pflegeheim bringen und sicherstellen, dass du ihnen nie wieder solche Sorgen bereitest. Sie wissen ebenfalls, dass du verrückt bist. Stell dir nur vor, was das mit ihnen macht. Du bist eine schreckliche Tochter/ein schrecklicher Sohn."

Denken Sie daran, dass Gaslighter nicht fair spielen und keine Hemmungen haben, hinterhältige Taktiken bei ihrem Opfer anzuwenden. Die Eskalation soll dem Opfer Angst einjagen und es wissen lassen, dass es in dieser Situation keine Zuflucht mehr hat. Dies schafft ein Gefühl der Hilflosigkeit und ständigen Angst. Dies ist einer der Gründe, warum ein Opfer jahrelang in der Beziehung bleibt. Opfer glauben wirklich, dass sie ihre Lieben beschützen, indem sie bei dem Gaslighter bleiben und ihm gehorchen. Einfach nicht für Aufregung sorgen und schon wird alles in Ordnung sein.

Gaslighter können jedoch auch aggressiv und missbräuchlich in Bezug auf ihre Handlungen gegenüber dem Opfer werden. Körperliche Misshandlungen sind in Gaslighting-Beziehungen keine Seltenheit.

Schritt 4: Das Opfer mürbe machen

Das Opfer mürbe zu machen ist ebenfalls eine häufig vorkommende Strategie, die von Gaslightern angewendet wird. Bei der Geschichte von Alex und Nicholas beschwerte sich dieser ständig über die Arbeit seiner Frau und benutzte sogar seine Schwiegermutter, um seiner Frau „ins Gewissen zu reden". Als sie unnachgiebig blieb, drohte er, sich umzubringen, redete er nicht mehr mit ihr und erpresste sie emotional.

Indem der Gaslighter ständig in der Offensive ist, hält er sein Opfer in der Defensive, was ein anstrengender Zustand sein kann, insbesondere wenn das Opfer den Täter liebt. Schon bald ist das Opfer erschöpft von den ständigen Streits und möchte nicht mehr ständig mit der anderen Person im Clinch liegen.

Der Gaslighter kann das Opfer auch zermürben, indem er ständig dessen Reaktionen auf Situationen oder dessen Wahrnehmung von Ereignissen angreift. Schließlich beginnt das Opfer, das Narrativ des Täters zu akzeptieren, weil es sich mit seinem Schicksal abfindet und pessimistisch in die Zukunft schaut. Sie müssen sich daran erinnern, dass das Ziel des Gaslighters darin besteht, sein Opfer zu brechen und es mürbe zu machen, was nur passieren wird, wenn es ständig mit Negativität konfrontiert wird.

Stufe 5: Förderung einer co-abhängigen Beziehung

Der Gaslighter muss dafür sorgen, dass das Opfer abhängig von ihm wird. Deswegen pflegen Gaslighter eine Beziehung, in der sich das Opfer in Bezug auf die Realitätsüberprüfung auf den Täter verlässt. Um eine co-abhängige Beziehung herzustellen, schafft der Täter Situationen ständiger Unsicherheit und Angst bei seinem Opfer. Der Täter lockt das Opfer mit bestimmten Dingen wie der Gründung einer Familie, Liebe, Stabilität oder sogar finanzieller Sicherheit, wodurch das Opfer wie eine Marionette kontrolliert werden kann, wann immer der Täter Lust dazu hat. In dieser Phase hören Sie folgende Sätze:

„Ich sehe, dass du versuchst, dich zu benehmen, also werde ich dir die Kinder nicht wegnehmen. Aber du musst mir versprechen, dass du brav sein wirst, weil du weißt, dass ich die Macht habe, sie dir wegzunehmen."

„Ich habe dir gesagt, dass deine Freunde nur eifersüchtig auf uns sind. Schau doch, sie wollen an dem Tag etwas unternehmen, an dem ich bereits etwas nur für uns beide geplant habe. Ohne solche Freunde bist du besser dran. Nur du und ich, Baby, mehr brauchen wir nicht. Wir brauchen sonst niemanden."

Damit die Co-Abhängigkeit fruchtet, muss das Opfer von anderen Menschen isoliert werden, die ihm die wahre Bedeutung von

Liebe und Fürsorge zeigen können. Es ist kontraproduktiv für die Ziele des Gaslighters, wenn das Opfer Zeit mit anderen Menschen verbringt, die es lieben. Dem Opfer muss glaubhaft gemacht werden, dass der Täter die einzige Person ist, dem seine besten Interessen am Herzen liegen. Die co-abhängige Beziehung basiert auf Angst und Lügen, was es dem Täter ermöglicht, der dominierende Part in der Beziehung zu sein.

Der Gaslighter liebt es, dem Opfer den Retter vorzuspielen, sodass das Opfer denkt, dass es nur bei dem Gaslighter sicher und geborgen ist. Jede co-abhängige Beziehung ist eine Beziehung voller Zweifel und Ängste, ganz zu schweigen von Verwirrung. Doch in der Beziehung mit einen Gaslighter fühlt sich nur eine Person verwirrt und hilflos.

Stufe 6: Falsche Hoffnungen

Dies ist die Phase, in der die Manipulation in vollem Gange ist. Der Gaslighter schafft ein Szenario, in dem er dem Opfer ein Gefühl der falschen Hoffnung gibt. Diese falschen Hoffnungen bestehen darin, dass die Dinge wieder so werden wie am Anfang. Zur Phase der falschen Hoffnung gehört, das Opfer freundlich zu behandeln und sich so zu verhalten, als wäre das Opfer dem Täter wirklich wichtig. Das Opfer wird mit einem schönen Abendessen, Geschenken und sogar einem liebevollen Umgang verwöhnt. Doch genauso plötzlich wie die Freundlichkeit und die Romantik in die Beziehung zurückkehren, verschwinden diese Dinge auch wieder.

Sie sehen also, dass der Gaslighter dem Opfer falsche Hoffnungen vorspielt, was das Opfer völlig aus dem Gleichgewicht bringt. Dieser Umgang erinnert das Opfer daran, dass es genauso leicht, wie es geliebt werden kann, einfach fallengelassen werden kann wie eine heiße Kartoffel. Während der Phase der falschen Hoffnungen, die einen Tag über ein paar Tage bis zu vielleicht sogar einer Woche dauern kann, baut der Täter das Opfer mit der alleinigen Absicht auf, es wieder niederzumachen, sodass es ihm aufgrund der Enttäuschung immer schlechter geht.

Dies ist vielleicht einer der toxischsten Aspekte des Gaslightings, da der Täter dem Opfer absichtlich psychologische Folter und Qualen zufügt. Der Täter weiß ganz genau, dass er falsche Hoffnungen vorspielt, und versucht zudem, dem Opfer die Schuld an der ganzen Sache zu geben, wenn er es wieder fertig macht. In diesem Stadium hören Sie Sätze wie:

„Schau dir an, was du getan hast. Es ist deine Schuld, dass wir nicht glücklich sind. Du siehst doch, wie sehr ich mich bemühe, dass das mit uns beiden funktioniert, und dann versuchst du, mich in der Öffentlichkeit bloßzustellen."

„Was ist los mit dir? Warum kannst du nicht verstehen, was ich für uns tun will? Wenn das mit uns beiden nicht klappt, dann ist das alles deine Schuld, denn Gott weiß, wie sehr ich mir Mühe gebe."

„Wieso bist du so angezogen? Erwartest du, dass ich mit dir ausgehe, wenn du so aussiehst? Das war's. Du weißt es offensichtlich nicht zu schätzen, was ich für dich tun möchte. Also gehe nach oben und ziehe dich um. Wir gehen nicht mehr aus."

Alle Versuche des Opfers, die Situation ins Reine zu bringen, stoßen auf taube Ohren und der Täter hat wieder die Kontrolle, während das Opfer sich selbst dafür die Schuld gibt, die Chance, den ursprünglichen Zustand zurückzugewinnen, ruiniert zu haben.

Diese Taktik wird von dem Gaslighter immer dann angewendet, wenn er sieht, dass das Opfer entweder nicht auf sein Gedankenkontrollspiel reagiert oder es Anzeichen von Widerstand gegen das Verhalten des Täters zeigt. Dies ist eine sehr effektive Taktik, um das Opfer daran zu erinnern, wer der Boss ist.

Schritt 7: Dominanz

Das ultimative Ziel des Gaslighters ist es, die Dominanz und Kontrolle über das Opfer zu erlangen. Gaslighter tun dies, um die andere Person auszunutzen und in einigen Fällen Zugang zu ihrem Besitz zu erlangen.

Diese Dominanz wird durch einen konstanten und beständigen Fluss von Lügen und Gedankenspielen erreicht und auch Zwang gehört dazu. Der Täter bemüht sich, das Opfer in einem ständigen Zustand der Angst und des Zweifels zu halten. Er isoliert das Opfer von dessen Freunden und Familie, weil diese Menschen dem Opfer helfen und seine geistige Gesundheit stärken könnten. Durch diese Dominanz kann der Täter das Opfer nach Belieben und ohne Konsequenzen ausbeuten.

Die Love-Bombing-Taktik

Bei der Love-Bombing-Taktik legt der Gaslighter eine übertriebene Zuneigung gegenüber dem Opfer an den Tag, um es emotional zu manipulieren. Neben dem Einschüchterungs-Gaslighter verwenden der Glamour-Gaslighter und der Nice-Guy-Gaslighter normalerweise diese Taktik. Es passiert in den Anfangsphasen der Beziehung, dass der Gaslighter die Reaktion des Opfers manipuliert, indem er ihm großzügige Geschenke kauft und es schick zum Abendessen ausführt oder in den Urlaub an exotische Orte bringt. Es gibt Anzeichen dafür, wenn zu Beginn einer Beziehung Love-Bombing-Methoden angewendet werden. Hier sind einige Beispiele:

Der Gaslighter sagt, was Sie hören möchten

Wir alle haben unsere Unsicherheiten und wenn wir diese einem Love-Bombing-Experten wie einem Gaslighter verraten, sagt uns dieser konsequent das, was wir hören möchten, um unserem Ego zu schmeicheln oder um unsere Zuneigung zu gewinnen. Nehmen wir zum Beispiel einmal an, dass Sie Ihre Nase hassen (wir alle haben alle Teile unseres Körpers, die wir nicht mögen). Der Gaslighter sagt Ihnen ständig, dass er finde, dass Ihre Nase Ihr schönstes Körperteil sei. Ihre Nase sehe überhaupt nicht wie eine Hakennase aus, sondern geradezu majestätisch. Das Kompliment eines Gaslighter ist nicht ehrlich gemeint, sondern dient lediglich dem Zweck, Sie zu manipulieren.

Der Gaslighter behauptet, dass Sie mehr erreichen könnten

Hüten Sie sich vor einem Partner, der Ihnen ständig sagt, dass Sie mehr erreichen könnten, weil der Gaslighter tief in seinem Inneren unsicher ist. Ein Gaslighter versucht, Ihr Mitgefühl zu gewinnen, und möchte den Eindruck erwecken, dass er sich privilegiert fühlt, dass Sie sich für ihn entschieden haben. Doch tief im Inneren ist dies eine Manipulationstaktik.

Möglicherweise beginnt ein Gaslighter damit, Ihre Freunde, Berufswahl, Kollegen und sogar Familienmitglieder zu kritisieren und Ihnen zu sagen, dass Sie mehr erreichen könnten. Dies ist ein Trick, um dafür zu sorgen, Sie von den Menschen zu isolieren, die Sie lieben, damit die Manipulation besser funktioniert. Wenn Ihr Partner zu Beginn der Beziehung darauf hinweist, dass Ihre Freunde oder Familie nicht Ihre besten Interessen im Sinn haben, der Gaslighter aber schon, dann versucht er, Sie von Ihrem Unterstützungssystem zu trennen. Diesen Behauptungen folgt normalerweise ein großzügiges Geschenk oder ein teurer Kurzurlaub, damit es so aussieht, als würde sich der Gaslighter um Sie kümmern.

Sie machen Ihnen teure Geschenke

Es ist kein Alarmhinweis an sich, zu Beginn einer Beziehung teure Geschenke von einem potenziellen Partner zu erhalten. Doch es gibt verräterische Anzeichen dafür, dass es sich um eine Love-Bombing-Taktik handelt, insbesondere wenn der Schenker darauf hinweist, wie viel das Geschenk gekostet hat. Ein Gaslighter versucht nicht nur, Sie zu beeindrucken, sondern will auch, dass Sie sich schuldig fühlen, wenn er seinen Willen nicht bekommt. Immerhin hat er das ganze Geld für Sie ausgegeben und alles, was er verlangt, ist doch nur Ihre Liebe und Zuneigung.

Wenn der Gaslighter Ihnen sagt, wie viel er für Sie ausgegeben hat, quantifiziert er seine Investition in Sie und schätzt Ihren Wert als Person ein.

Überschwängliche Komplimente

Gaslighter wissen, dass ihre Opfer Komplimente wollen. Denken Sie daran: Gaslighter wissen genau, was Sie hören möchten, und sie verwenden Komplimente, um Sie zu konditionieren. Ein Gaslighter benutzt seine Komplimente, um Sie zu manipulieren, sodass Sie zu dem Menschen werden, den er will. Mit der Zeit prägen die Komplimente eines Gaslighters Sie. Wenn der Gaslighter Ihnen beispielsweise sagt, dass Sie in schwarzen Kleidern gut aussehen, werden Sie wahrscheinlich mehr schwarze Kleider tragen, um für ihn gut auszusehen. Wenn er sagt, dass Sie kein Make-up benötigen, weil Ihre Haut makellos ist, werden Sie wahrscheinlich aufhören, Make-up zu verwenden, um den Gaslighter glücklich zu machen. Diese Komplimente konditionieren Sie also, damit Sie zu der Person werden, die sich der Gaslighter in Zukunft wünscht.

Öffentliche Liebesbekundungen

Während der Love-Bombing-Phase liebt der Gaslighter öffentliche Liebesbekundungen. Er wird Sie berühren, Sie küssen und in Anwesenheit anderer Menschen liebevoll mit Ihnen umgehen. Diese Verhaltensweise soll allen Menschen beweisen, dass Sie ein gutes Paar abgeben und dass der Gaslighter Sie liebt. Im Gegensatz dazu stehen Sie selbst schlecht da, wenn Sie versuchen, sich den Liebesbekundungen zu entziehen. Die meisten Opfer fallen zudem auf diese öffentlichen Liebesbekundungen rein und sind der Meinung, dass sie aufrichtig sind.

Im Gegenzug erwartet ein Gaslighter von Ihnen, dass Sie die Zuneigung erwidern, indem Sie gehorsam sind und auf das hören, was er sagt. Wenn ein Gaslighter Sie sehen will, erwartet er, dass Sie alles stehen und liegen lassen und sofort auftauchen. Wenn Sie nicht verfügbar sind, nimmt ein Gaslighter dies als Ablehnung war und reagiert normalerweise extrem darauf. Dies führt zu einem Muster extremer Reaktionen, unkontrollierbaren Erwartungen und dem Gefühl, auf Eierschalen laufen zu müssen.

KAPITEL 5:

Gaslighting in Familien

Wenn Eltern Gaslighter sind, werden Leben zerstört

Suzie und ihre Mutter standen sich sehr nahe. Als sie noch ein Kind war, veranstalteten sie immer Popcorn-Abende und sahen sich gemeinsam ihre Lieblingsfilme an. Als sie ein Teenager war, sprachen sie über die Jungen, die sie mochte, und als Suzie aufs College ging, telefonierten sie jede Woche. Ihre Mutter war alleinerziehend und sie war eine warmherzige, lustige, freundliche und wunderschöne Person. Sie hatte keinen Kontakt zu ihrer eigenen Mutter, die zwar in einem anderen Stadtteil lebte, jedoch in derselben Stadt.

Als sie noch ein Kind war, weigerte sich Suzies Mutter, Anrufe von ihrer Großmutter entgegenzunehmen. Suzie hatte ihre Großmutter nur zwei- oder dreimal in ihrem Leben gesehen. Sie entdeckte, dass ihre Mutter einen Bruder gehabt hatte, der sich selbst umgebracht hatte, als er noch ein Teenager war. Später fand sie heraus, dass ihre Mutter ihre Großmutter für seinen Tod verantwortlich machte. Und als Suzie eines Tages bei ihrer Mutter zum Abendessen eingeladen war, sprach sie das Thema an und fragte, warum ihre Mutter nie über ihre Großmutter sprach.

„Ich wusste, dass dieser Tag kommen würde", sagte Suzies Mutter. „Nimm die Flasche Wein mit und dann setzen wir uns ins Wohnzimmer. Ich werde ein paar Bilder holen. Es ist Zeit, dass du deinen Onkel und deine Großmutter kennenlernst." Im Wohnzimmer betrachtete Suzies Mutter das Bild eines jungen Mannes, der ihr sehr ähnlich sah und ihre Hand hielt. Auf dem Bild grinste Suzies Mutter den jungen Mann an, der strahlend auf sie herabblickte. „Das ist dein Onkel, Tyler. Er war so schlau und nett und lustig. Neben dir war er mein Lieblingsmensch auf der ganzen Welt. Er hat sich umgebracht, als ich 13 Jahre alt war." Dies war das erste Mal, dass Suzies Mutter darüber sprach, wie ihr Bruder starb.

„Meine Mutter war eine pathologische Lügnerin und gemein wie eine Klapperschlange und Tyler war ihr Opfer. Er war zu sensibel und sie machte ihn Tag für Tag fertig, bis er es nicht mehr ertragen konnte. Sie log ihn ständig an und erzählte zudem auch Lügen über ihn. Sie erzählte ihm, dass seine Freundin ihn mit seinem besten Freund betrogen hatte und als er seine Freundin darauf ansprach, stellte er fest, dass das nicht wahr war. Sie trennten sich und als mein Bruder meine Mutter damit konfrontierte, tat sie so, als hätte sie das nicht gesagt und als ob er sie falsch verstanden hätte. Sie sagte ihm ständig, dass er nur sie brauchen würde.

Mein Bruder hat das unserem Großvater erzählt, der daraufhin meine Mutter darauf ansprach. Meine Mutter sagte, mein Bruder habe die ganze Seitensprungsituation erfunden und beschuldige sie jetzt. Sie sagte dies in Gegenwart meines Bruders und fügte sogar hinzu: „Du weißt doch, wie er ist." Eines Tages waren wir einkaufen und meine Mutter steckte einen Eyeliner in den Rucksack meines Bruders. Er wurde von den Sicherheitsleuten des Geschäfts festgenommen und meine Mutter beschuldigte ihn, den Eyeliner für eine seiner Freundinnen gestohlen zu haben. Mein Bruder stritt dies ab und sie weigerte sich, ihn in dieser Nacht aus dem Gefängnis zu holen, und sagte, er müsse seine Lektion lernen. Ich weiß, dass sie es war, weil ich gesehen habe, wie sie den Eyeliner in seinen Rucksack gesteckt hat, doch ich hatte zu viel Angst, um es jemandem zu erzählen. Mein Großvater hörte von dem Vorfall und fragte meinen Bruder danach. Meine Mutter mischte sich in das Gespräch ein und sagte, mein Bruder sei ein Lügner. Schließlich fügte sie wieder hinzu: „Du weißt doch, wie er ist."

Es dauerte nicht lange, bis mein Großvater anfing, meinen Bruder als Unruhestifter zu betrachten und mein Bruder war so verwirrt von all diesen Dingen, die vor sich gingen, dass er sich immer mehr zurückzog. Meine Mutter beschimpfte meinen Bruder oft als Lügner, Dieb, Taugenichts, Dummkopf ... Die Liste war endlos. Mein Bruder hörte auf, sich mit seinen Freunden zu treffen, weil meine Mutter die Eltern seiner Freunde anrief und ihnen erzählte, er wäre ein schlechter Umgang, nähme Drogen und stähle. Niemand in der Schule wollte etwas mit meinem Bruder zu tun haben und er wurde sehr schlimm gemobbt. Er hat meiner Mutter nie davon erzählt. Er versuchte jedoch, sich meinem Großvater anzuvertrauen. Opa rief Mama an und sagte ihr, sie solle zur Schule gehen und herausfinden, was los sei. Meine Mutter sagte ihm, er solle sich nicht darum kümmern, weil mein Bruder nur Aufmerksamkeit haben wollte.

Zwei Wochen später schnitt sich mein Bruder im Badezimmer der Schule seine Pulsadern auf. In seiner Tasche befand sich ein Zettel von einem seiner Klassenkameraden, der ihm geschrieben hatte, er solle sich umbringen. Auf dem Zettel stand, dass niemand ihn mochte, nicht einmal seine eigene Mutter. Mein Bruder verstand nie, warum Mama ihn so sehr hasste. Meine Mutter verlor das Sorgerecht für mich an meinen Vater, der sich um mich kümmerte, und ich habe seit der Beerdigung meines Bruders nicht mehr mit ihr gesprochen. Sie weinte bei der Beerdigung meines Bruders und schwor herauszufinden, was mit ihrem Jungen passiert war. Doch das war alles nur eine Show. Ich habe dich nie in ihre Nähe gelassen, weil sie eine Gaslighterin ist. Ich bin dankbar, dass ich zu meinem Vater gezogen bin, weil ich glaube, sie hätte mir dasselbe angetan."

Die toxischen Dinge, die Gaslight-Eltern tun können

Sie diktieren Ihre Vorlieben und Abneigungen

Dies bedeutet, dass sie dem Kind sagen, was es mag oder nicht mag. Sie sagen Dinge wie: „Was meinst du damit, du magst kein Baseball?" Oder: „Wir sind eine Familie von Fleischessern. In diesem Haus ist kein Platz für Vegetarier." Infolgedessen zwingen sie dem Kind ihre Vorlieben auf.

Ihre Gefühle sind ihnen egal

„Hör auf zu weinen!" Oder: „Weine nicht wie ein Baby, weil du während eines Spiels getroffen wurdest!" Dies sind einige der Sätze, mit denen Eltern traurige oder unglückliche Gefühle ihrer Kinder beiseite wischen. Dies führt dazu, dass das Kind keine Emotionen fühlt oder zeigt, selbst wenn es verletzt ist. Schließlich lernt das Kind, seine Verletzungen an einer anderen Person auszulassen.

Sie minimieren Ihre Erfolge

Toxische Familien zeichnen sich durch Mobbing-Taktiken aus, bei denen das Opfer unterdrückt wird und seine Leistungen nicht gewürdigt werden. Wenn das Kind beispielsweise gut in der Schule ist, könnte der Vater sagen: „Bücher spielen auf dieser Welt keine Rolle, wenn du nicht weißt, wie du auf dich selbst aufpassen kannst." Oder: „Ich interessiere mich nicht für tolle Noten. Wenn du nicht gut im Basketball bist, bist du kein Mann." Solche Familien machen sich ebenfalls über Ihre Erfolge lustig und bezeichnen diese als albern und zeitraubend.

Sie werden Sie in Schubladen stecken

Es kann sein, dass Ihnen gesagt wird, dass Sie albern oder paranoid sind oder dass Sie eine wilde Fantasie haben. Diese Etiketten lassen sich leicht an Kindern anbringen, da Kinder bekanntermaßen imaginäre Freunde haben oder die meiste Zeit spielen. Das Ziel besteht darin, die das Kind an seiner Realität zweifeln zu lassen.

Wenn das Kind die Eltern auf dieses Verhalten hinweist, wird es von dem Gaslighter als unhöflich, undiszipliniert oder als Unruhestifter bezeichnet, damit er sich besser fühlt.

Bei Kindern Gaslighting anwenden

Gaslighting tritt oft in dysfunktionalen Familien auf und der Gaslighter ist in der Regel die Mutter oder der Vater des Kindes. Gaslighting ist für jeden Menschen heimtückisch, doch bei Kindern ist es besonders verheerend, da der Kreislauf des emotionalen Missbrauchs bis ins Erwachsenenalter andauern kann. Solche Kinder neigen später ebenfalls dazu, Gaslighter als Lebenspartner auszuwählen.

Die Kinder, die Gaslighter-Eltern haben, verlieren normalerweise ihr Selbstvertrauen und neigen dazu, ohne eigenes Verschulden stets unsicher zu sein. Wenn das Kind ein Elternteil als Feind wahrnimmt, ist dies besonders traumatisch.

4 Arten von Gaslighting im Kindesalter und die Auswirkungen

Selbst der wohlmeinendste Elternteil kann ein Gaslighter sein, ohne es zu wissen. Wenn Sie Ihrem Kind widersprüchliche Informationen geben, die der Erfahrung, die es gemacht hat, widersprechen, haben Sie Gaslighting-Taktiken bei Ihrem Kind angewendet. Nehmen wir zum Beispiel an, dass ihr Kind nach Hause kommt und Sie ein Stück Schokolade essen. Sie haben jedoch die ganze Woche über gesagt, dass Sie auf Diät sind und keine Süßigkeiten mehr essen. Wenn Ihr Kind sie fragt, was Sie da essen, und Sie „Nichts" sagen, nachdem Sie das Stück Schokolade hastig heruntergeschluckt haben, haben Sie bei Ihrem Kind Gaslighting-Methoden angewandt.

Einige Eltern nennen dies gerne eine Notlüge, doch diese sind gefährlich, weil sie einen Präzedenzfall für alternative Realitäten schaffen. Wenn Sie dies häufig tun, kann es passieren, dass Ihr Kind zu einem verzerrten Wahrnehmungsgefühl konditioniert wird.

Doppeltes Gaslighting

Diese Art von Gaslighting durch Eltern wurde erstmal im Jahre 1965 identifiziert und mit Schizophrenie und Persönlichkeitsstörungen in Verbindung gebracht. Das perfekte Beispiel für doppeltes Gaslighting ist, wenn die Eltern dem Kind sagen, dass sie es lieben und es manchmal mit ihrer Liebe übertreiben, ihm jedoch in der nächsten Minute die kalte Schulter zeigen oder körperliche Strafen verhängen.

Diese Botschaft ist sehr verwirrend für das Kind, das sich in einer Minute geliebt und in der nächsten unerwünscht fühlt. Eine solche Gaslighting-Taktik bewirkt, dass sich das Kind in Bezug auf sein Selbstwertgefühl nicht sicher ist und stets in Frage stellt, was andere zu ihm sagen. Ein Kind, das solche Erfahrungen gemacht hat, stellt sich Fragen wie „Bin ich es wert oder nicht?" Diese Fragen plagen das Kind sein ganzen Leben lang, besonders in seinen eigenen romantischen Beziehungen, jedoch auch in der Arbeit und im Freundeskreis.

Gaslighting, das sich auf den äußeren Schein fokussiert

Bei dieser Art des Gaslighting wird von dem Kind erwartet, dass es den Status der Familie aufrechterhält, indem es stets so tut, als wäre alles perfekt, auch wenn dies nicht der Fall ist. Sie werden feststellen, dass Familienmitglieder, die ein Kind sexuell missbrauchen, Gaslighting-Taktiken anwenden. Leistungsorientierte Eltern neigen ebenfalls dazu, sich auf diese Art des Gaslighting einzulassen.

Diese Art des Gaslightings macht es dem Kind schwer, menschliche Schwächen bei sich und bei anderen Menschen zu akzeptieren, wenn sie erwachsen sind. Zudem haben solche Kinder

Schwierigkeiten damit, andere Menschen in ihr Herz zu lassen, weil sie befürchten, verletzlich zu sein. Die Botschaft bei dieser Gaslighting-Methode besteht darin, dass wir perfekt sein müssen, da alles, was in der Familie passiert, in der Familie bleibt. Ihr Schmerz und Ihre Realität spielen keine Rolle.

Unvorhersehbares Gaslighting

Bei dieser Art des Gaslightings ist sich das Kind nie sicher, wie der Elternteil auf eine Situation reagieren wird. Wenn ein Kind einen Fehler macht, reagiert das Elternteil in einigen Fällen mit rasender Wut darauf, in anderen Fällen reagiert es jedoch sanft und verständnisvoll. Die Wahrscheinlichkeit für eine solche Art des Gaslightings ist bei solchen Eltern am höchsten, die manisch-depressiv sind oder Drogenprobleme hatten.

Die Botschaft an das Kind bei dieser Art des Gaslightings lautet, dass sein Umfeld niemals stabil ist. Alles Mögliche kann geschehen – jederzeit. Infolgedessen kann das Kind die Charaktere und Absichten der Menschen nicht lesen, wenn es älter wird. Dies birgt das Risiko, dass sich solch ein Kind eine Person als Lebenspartner sucht, die ebenfalls ein Gaslighter ist.

Gaslighting durch emotionale Vernachlässigung

Bei dieser Art von Gaslighting wird das Kind emotional vernachlässigt, obwohl seine körperlichen Bedürfnisse erfüllt werden. Die Eltern greifen das Kind an, weil es Emotionen zeigt, und sagen Dinge wie „Wage es nicht zu weinen", „Schluck es runter" oder „Ich habe keine Zeit für empfindliche Menschen".

Die Botschaft an das Kind ist, dass seine Gefühle irrelevant sind und diese Gefühle nicht mit anderen Menschen geteilt werden dürfen. Solche Kinder wachsen mit dem Gefühl auf, dass ihnen ein bestimmter Aspekt fehlt, und werden sich Menschen – oftmals wiederum Gaslighter – suchen, die dieses Bedürfnis erfüllen.

KAPITEL 6:

Gaslighting am Arbeitsplatz

Wie die Arbeit mit einem Gaslighter fast eine Karriere zerstörte

Macy hatte über zwei Jahre als Rezeptionistin in einem der führenden Hotels in Dubai gearbeitet. Ihre Arbeit war außergewöhnlich gut und professionell, was durch das Feedback der Gäste und ihrer Kollegen bestätigt wurde. Zu Beginn ihres dritten Jahres in derselben Funktion wurde eine neue Hotelmanagerin eingestellt. Die Chefin konnte Macy auf Anhieb nicht leiden und schon ihre erste Interaktion mit ihr fiel kurz und knapp aus.

Macy glaubte, sie wäre der neuen Chefin zu nahe getreten, und wollte die Sache aus der Welt schaffen. Sie bat um ein Gespräch und brachte das Thema zur Sprache, indem sie fragte, ob der neuen Managerin etwas an ihrer Arbeit aufgefallen sei, das Macy ihrer Meinung nach verbessern sollte. Die Managerin begann mit einer Litanei von Dingen, die ihr an Macy aufgefallen waren und die sie ändern sollte, doch nichts davon hatte mit ihrer Arbeit zu tun, sondern es handelte sich um persönliche Dinge. „Mir gefällt Ihre Frisur nicht. Sind Sie von Natur aus blond?" „Ja, das bin ich." „Sind Sie sich sicher? Weil es so aussieht, als hätten Sie Ihre Haare gefärbt. Ich habe nichts gegen Blondinen. Es ist nur so, dass Sie so aussehen, als würden Sie versuchen, aufzufallen und stärker wahrgenommen zu werden. Ich finde das unprofessionell." „Ich versichere Ihnen, dass ich von Natur aus blond bin und dass meine Haarfarbe kein Trick ist, um die Aufmerksamkeit auf mich zu lenken", sagte Macy. „Sind Sie verheiratet?", fragte die Managerin. „Noch nicht", antwortete Macy. „Mmmhhh.", sagte die Managerin, als ob sie jetzt die Antwort bekommen hätte, die sie benötigte.

Und damit wurde Macy aus dem Gespräch entlassen. Sie verließ den Raum und fragte sich, ob sie durch ihre Haarfarbe mehr Aufmerksamkeit auf sich zog und ob sie sich so verhielt, als würde sie dies wollen.

Ungefähr drei Wochen später sprach eine Kollegin aus der Buchhaltung Macy im Flur an und fragte sie, was mit ihren Unterlagen nicht stimmte. „Soweit ich weiß, ist alles in Ordnung", antwortete Macy. „Warum fragst du?" „Nun, die Hotelmanagerin hat um all deine Unterlagen gebeten, die sechs Monate zurückliegen", sagte die Kollegin. „Warum?", fragte Macy. „Ich weiß nicht warum, aber sie hat speziell nach deinen Unterlagen gefragt", antwortete die Kollegin. An diesem Nachmittag wurde sie in das Büro der Managerin gerufen und fand dort ihre Unterlagen ordentlich auf einem Stapel auf dem Schreibtisch der Managerin vor.

„Ich habe mir Ihre Unterlagen angesehen und ich muss sagen, dass ich schockiert bin, dass man Sie so lange hierbehalten hat", begann sie. Ihre Unterlagen sind schlampig geführt, Sie haben keine Gästezahlungsscheine beigefügt und ich sehe die entsprechenden Unterschriften auf den Kreditkartenbelegen nicht. Wie rechtfertigen Sie Ihr Gehalt? Glauben Sie, dass es reicht, einfach anwesend zu sein und gut auszusehen?" Macy war wie betäubt und stammelte schließlich: „Entschuldigung, ich bin ein wenig verwirrt. Niemand in der Buchhaltung hat mich je darauf angesprochen. Aus diesem Grund weiß ich nicht, was ich falsch gemacht habe. Darf ich bitte ein Beispiel für die unvollständigen Unterlagen sehen?" „Glauben Sie, dass ich mir das ausdenke?", fragte die Managerin. „Ich habe hier jede Menge Beweise. Die Buchhaltung hält Sie ebenfalls nicht für kompetent. Alle Kollegen aus der Buchhaltung stimmen mir zu, dass Ihre Arbeit schlecht ist. Sie befinden sich nun sechs Monate lang in einer Bewährungsphase, während ich Ihre Arbeit überprüfe. Und weiterhin möchte ich Ihnen vorschlagen, dass Sie eine dunklere Haarfarbe in Betracht ziehen, damit Sie weniger auffallen."

Macy stolperte aus dem Büro der Managerin und ging in die Damentoilette, um sich das Gesicht zu waschen. „Was ist da nur los?", fragte sie sich. Sie hatte länger an der Rezeption als jeder andere gearbeitet und ihre Arbeit war stets gelobt worden. Denkt die Buchhaltung wirklich, dass ihre Arbeit schlecht sei? Warum hat niemand etwas gesagt? Vielleicht war sie selbstgefällig geworden und gab nicht mehr ihr Bestes. Sie würde von nun an darauf achten, dass ihre Arbeit makellos war.

In den nächsten Monaten ertrug sie die ständige Kritik, Vergleiche und sogar subtiles Mobbing durch die Managerin. Als eine Stelle in einem anderen Hotel der Hotelkette frei wurde, bewarb sie sich, um ihrer derzeitigen Chefin zu entkommen. Der Managerin hörte davon und rief die Personalbeauftragte an, um sie davor zu warnen, Macy die Stelle anzubieten. Da Macy jedoch eine der letzten Kandidatinnen war, wollte die Personalbeauftragte dennoch ein Gespräch mit ihr führen. Es stellte sich heraus, dass Macy die am besten für die neue Stelle geeignete Kandidatin war und die Personalbeauftragte entschloss sich dazu, ein offenes Gespräch mit ihr über ihren „Ruf" zu führen.

„Macy, ich bin sehr beeindruckt. Sie sind eindeutig die beste Kandidatin für den Job, aber ich habe einige Bedenken. Zunächst hat sich Ihre Chefin mit mir in Verbindung gesetzt und einige Bedenken hinsichtlich Ihrer Arbeit geäußert. Also habe ich die Buchhaltung gebeten, mir Ihre Unterlagen zukommen zu lassen und ich habe ehrlich gesagt nichts Falsches an Ihrer Arbeit gefunden. Ein paar Fehlerchen hier und da, aber nichts, was so gravierend erscheint, wie Ihre Hotelmanagerin es versucht hat darzustellen. Erzählen Sie mir von Ihrer Beziehung zu Ihrer Hotelmanagerin." Macy beschloss, ehrlich mit der Personalbeauftragten über die Beziehung zu ihrer Chefin zu reden.

„Ich bin sicherlich nicht überrascht, das zu hören. Diese Managerin ist eine Gaslighterin, insbesondere gegenüber weiblichen Mitarbeitern, von denen sie sich bedroht fühlt. Ich möchte Ihnen den Job anbieten und ich möchte auch, dass Sie über Ihre Erfahrungen mit dem Personalleiter sprechen." Es stellte sich heraus, dass diese Managerin seit Jahren Gaslighting betrieben hatte und dass die meisten Menschen zu viel Angst hatten, ihren Arbeitsplatz zu verlieren, um über ihre Handlungen zu berichten.

So erkennen Sie Gaslighting-Methoden am Arbeitsplatz

Gaslighting am Arbeitsplatz kann subtiler sein, weil der Täter sich seiner Umgebung bewusster ist. Der Täter ist meistens eine Autoritätsperson, doch auch Nachwuchskräfte können hervorragende Gaslighter sein, insbesondere, wenn sie ehrgeizig sind und eine bestimmte Position im Auge haben. Sie können erkennen, dass Sie es mit einem Gaslighter am Arbeitsplatz zu tun haben, wenn Sie verräterische Hinweise bemerken wie:

- Der Gaslighter verbreitet Fehlinformationen über Sie.
- Sie sind Gegenstand von Klatsch und offensichtlichen Lügen, die von einer bestimmten Person verbreitet werden.
- Der Gaslighter ist in Ihrer Nähe sehr charmant und witzig.
- Ein Gaslighter versucht, Ihnen die Worte im Mund umzudrehen und diese dann gegen Sie zu verwenden.
- Der Gaslighter diskreditiert Sie und gibt Ihnen das Gefühl haben, wertlos zu sein.
- Er gibt passiv-aggressive Kommentare über Sie ab und tut so, als seien diese witzig gemeint.

Wie häufige Gaslighting-Taktiken bei der Arbeit angewendet werden

Kontern

Bei dieser Taktik hinterfragt der Gaslighter Ihre Erinnerung an Ereignisse, insbesondere bei Ereignissen, die Sie beide erlebt haben. Wenn Sie beispielsweise einen Kunden gemeinsam besucht haben, stellt der Gaslighter möglicherweise Ihre Besprechungsnotizen in Frage und impliziert damit, dass das, was Sie aufgeschrieben haben, ungenau war, nur um dann ebenfalls einen Bericht zu verfassen, der allerdings die gleiche Version des Kundenbesuchs enthält. Wenn Sie den Gaslighter damit konfrontieren, wird er leugnen, jemals die Version der Ereignisse geändert zu haben und behaupten, Sie hätten da etwas falsch verstanden.

Zurückhalten von Informationen

Der Kollege oder Vorgesetzte hält relevante Informationen für Ihre Arbeit zurück, sodass Sie nicht effektiv arbeiten können. Der Gaslighter geht auch sparsam mit Lob um, selbst wenn dieses angebracht wäre, und sagt Sätze wie: „Dafür werden Sie bezahlt. Was Sie erreichen, ist nichts Besonderes."

Trivialisieren

Wenn Sie einen Deal abschließen oder eine Beförderung erhalten, findet der Gaslighter einen Weg, um die Leistung zu trivialisieren. Er sagt dann so etwas wie: „Das war keine herausragende Leistung. In Ihrem Alter war ich kurz davor, Geschäftsführer des Unternehmens zu werden." Solche Aussagen führen dazu, dass das Opfer denkt, dass seine Ideen, Beiträge oder Erfolge nicht wichtig sind.

Lügen

Bei der Arbeit werden Gaslighter stets lügen, um ihr Opfer in einem schlechten Licht dastehen zu lassen. Dies wirkt sich zu ihrem Vorteil aus, da die Kompetenz des Opfers in Frage gestellt wird. Zudem führt dies dazu, dass sich das Opfer in einem ständigen Zustand der Angst und des Selbstzweifels befindet.

Ablenken

Der Gaslighter lenkt die Aufmerksamkeit von der Arbeit ab und konzentriert sich auf das emotionale bzw. das private Leben des Opfers. Zum Beispiel verlagerte Macys Managerin den Fokus vom Ziel des Meetings, das darin bestand, Macy Feedback in Bezug auf ihre Arbeit zu geben, auf ihr Aussehen und ihren Stil.

Sätze, die Gaslighter am Arbeitsplatz verwenden

Folgende Sätze kommen häufig vor, wenn Sie mit einem Gaslighter zusammenarbeiten:

- Sie müssen sich konzentrieren.
- Erinnern Sie sich nicht daran, dass wir gestern darüber gesprochen haben?
- Ich muss mich ständig wiederholen, weil Sie sich nicht an Dinge erinnern.
- Wenn Sie nur lernen könnten, wie man zuhört, hätten wir dieses Problem nicht.
- Sie sind zu empfindlich.
- Hören Sie auf damit, paranoid/irrational zu sein.
- Sie sind zu emotional.
- Sie haben in meine Kommentare zu viel hineininterpretiert – ich versuche nur, zu helfen.
- Haben Sie gehört, was Sie eben gesagt haben? Was sagt das über Sie aus?
- Haben Sie Probleme zu Hause? Sie sind immer im Rückstand.
- Ich habe solche Probleme nur mit Ihnen.
- Sie müssen lernen, Witze zu verstehen. Sie sind zu dünnhäutig.
- Ich erinnere Sie immer an Dinge, weil Sie schlecht organisiert sind.
- Ich bin hart zu Ihnen, weil ich Sie mag.

Der Gaslighting-Chef und seine Taktik

Er redet schlecht über Sie

Ein Gaslighting-Chef wird Wege finden, um Sie bei anderen hochrangigen Mitarbeitern des Unternehmens und bei Ihren Kollegen schlecht zu machen. Dies ist eine Taktik, bei der Sie die Glaubwürdigkeit gegenüber anderen Mitarbeitern des Unternehmens verlieren. Wenn Sie sich also beschweren, sind Ihre Kollegen bereits voreingenommen. Gaslighting-Chefs verbreiten offensichtliche Lügen über Sie.

Gaslighting-Chefs ziehen Fristen vor

Ein Chef, der bei seinen Mitarbeitern Gaslighting-Taktiken anwendet, stellt unangemessene Anforderungen an sie, von denen er weiß, dass diese seine Mitarbeiter schlecht dastehen lassen. Zum Beispiel kann es sein, dass ein Gaslighting-Chef eine Frist vorzieht, da er weiß, dass es unmöglich sein wird, die Arbeit innerhalb der neuen Deadline zu erledigen. Und wenn er gefragt wird, warum er die Frist vorgezogen hat, leugnet er, dies jemals getan zu haben.

Gaslighting-Chefs machen beleidigende Kommentare

Diese Taktik fällt unter die ablenkende Gaslighting-Taktik. Ein Gaslighting-Chef sagt etwas Hinterhältiges wie beispielsweise einen rassistischen Kommentar, der als Witz getarnt ist. Wenn Sie Ihren Gaslighting-Chef darauf aufmerksam machen, behauptet er, dass Sie zu empfindlich seien. Gaslighting-Chefs sagen solche Dinge auch vor Publikum und wenn sie Gegenwind bekommen, werden sie behaupten, dass Sie den Kommentar missverstanden haben oder dass man dies eben so sagt.

Sie schließen Sie aus

Sie sind die einzige Person, die versehentlich die wichtigen Team-E-Mails nicht bekommt, was sich auf Ihre Arbeit auswirkt. Im Extremfall kann es sogar sein, dass Ihr Chef das Lob für Ihre Ideen oder Ihre Arbeit einheimst, sodass Sie leer ausgehen. Wenn

Sie Ihren Chef darauf ansprechen, wird er Ihnen sagen, dass es keine Einzelleistungen gibt und dass der Erfolg stets eine Teamleistung ist.

KAPITEL 7:

Gaslighting unter Freunden

Eine toxische Freundschaft, die nicht auf den ersten Blick als solche erkennbar ist

Mike und Sam waren seit ihrer Schulzeit Freunde gewesen. Jeden Tag nach der Schule verkrochen sie sich stundenlang in Mikes Baumhaus, machten ihre Hausaufgaben und spielten Videospiele. Sie erzählten sich von ihren ersten Liebeleien und sprachen über die Mädchen, die sie toll fanden. Nichts und niemand konnte sie trennen.

Sie bewarben sich an verschiedenen Hochschulen und verloren sich schließlich aus den Augen. Obwohl sie sich immer wieder besuchten, wurden diese Besuche immer seltener und seltener. Drei Jahre nach ihrem College-Abschluss waren die beiden Freunde in derselben Stadt gelandet und trafen sich zufällig, als sie sich morgens eine Tasse Kaffee holen wollten. Mike dachte, die Person vor ihm in der Warteschlange komme ihm bekannt vor, also stellte er sich auf Zehenspitzen, um zu sehen, ob die Person diejenige war, für die er sie hielt. Und tatsächlich, es war Sam.

Mike verließ die Warteschlange und folgte seinem Freund aus Kindertagen, als dieser aus dem Café ging, schlang seine Arme fest um ihn und knurrte: „Gib mir deinen Kaffee, schön langsam." Erschrocken drehte sich Sam um, bereit dazu, einen möglichen Angreifer in die Flucht zu schlagen, erblickte jedoch stattdessen das breite Grinsen seines Freundes. „Oh ... Mikey! Oh mein Gott! Was ... Wie lange ist es her?" „Zu lange, mein Bruder! Ich habe dich seit über fünf Jahren nicht mehr gesehen. Wie geht es dir?", antwortete Mike. „Mir geht es gut, Mann – ich wollte mir auf dem Weg zur Arbeit nur meinen Morgenkaffee holen. Ich habe ein kleines Tech-

Startup, das medizinische Apps entwickelt, mit denen Patienten die Pflegekräfte schneller erreichen können. Wie läuft es in der Kanzlei?", sagte Sam.

„Du weißt doch, wie es läuft. Jeder hasst Anwälte, aber sie lieben es, uns zu beschäftigen. Wie geht es Charlene und den Kindern?", fragte Mike. „Allen geht es gut. Wir würden dich gerne zum Abendessen einladen. Komme doch diesen Samstag vorbei. Ich bin mir sicher, dass es Charlene nichts ausmachen wird, wenn ich das jetzt mit dir vereinbare." Sam antwortete: „Das klingt großartig! Hier ist meine Karte. Wenn ihr es euch anders überlegt, lasst es mich wissen", sagte Mike.

Die beiden Freunde sahen sich von nun an häufiger. Mike machte jedoch bei ihren Treffen immer wieder fiese Witze über Sams Ethnie und über sein Gewichtsproblem. Es begann mit Sätzen wie: „Leg die Gabel besser hin, sonst wirst du wieder „Sam die Kugel" genannt." Und dies sagte er trotz der Tatsache, dass Sam gertenschlank war. Tatsächlich war Mike der pummeligere der beiden, doch seine Sprüche bezogen sich auf die fiesen Kommentare, die Sam aufgrund seines Gewichts früher in der Schule zu hören bekommen hatte.

Einmal sagte er: „Du weißt schon, dass deine Frau ein echtes Muttertier ist. Sie liebt es, sich um andere Menschen zu kümmern, und in ihrem Haus hat sie das Sagen." Schockiert sah Sam seinen Freund an und fragte ihn: „Was hast du gerade gesagt?" „Weißt du, sie ist einfach eine echte Mama, wie schwarze Frauen eben so sind. Ich bin mir sicher, dass sie sich hervorragend um dich kümmert. Sieh dich nur an. Das ist ein Kompliment, Bruder! Du weißt, dass ich das nur sage, weil ich Charlene liebe", antwortete Mike. Für den Rest des Abends war Sams Stimmung im Eimer und als er seinen Freund verabschiedete, war seine Umarmung kraftlos. Sollte er Charlene erzählen, was Mike gesagt hatte? Sie würde sauer werden und ihn damit konfrontieren. Vielleicht wollte Mike nur ein Kompliment machen, das allerdings missglückt war, sodass er wie ein Sklavenhalter geklungen hatte. Er kannte Mike schon sein ganzes

Leben und wusste, dass er keiner Fliege etwas zuleide tun könnte. Er schob es auf die Unwissenheit seines Freundes und beschloss, dass er ihn darauf ansprechen würde, sobald er ihn das nächste Mal sah.

Beide Freunde spielten oft Golf und an den Tagen, an denen sie zusammen Golf spielten, hatte Mike die Angewohnheit, die Anzahl der Schwarzen im Vergleich zu der Anzahl der Weißen auf dem Platz zu zählen. „Heutzutage spielen immer mehr Schwarze Golf. Wahrscheinlich denken alle, dass sie der nächste Tiger Woods sind. Aber weißt du, der einzige Grund, warum er es schaffte, bestand darin, dass er eine weiße, blonde Frau hatte. Auf diese Weise hat es jeder Schwarze geschafft."

„Was zum Teufel erzählst du da?", explodierte Sam. „Zunächst einmal ist Tiger Woods der beste Golfer aller Zeiten. Zweitens brauchen schwarze Menschen keinen Türöffner in Form einer weißen Frau oder eines weißen Mannes. Wieso lässt du andauernd rassistische Kommentare ab?" Sam entfernte sich von Mike, steckte seinen Schläger in die Tasche und ging auf den Golfwagen zu. Mike holte Sam ein und sagte: „Warum bist du so empfindlich? Ich meine doch nicht dich damit. Ich respektiere dich und dachte, dass ich in deiner Nähe so sein kann, wie ich eben bin. Warum bist du deswegen so emotional? Wir sind Freunde und können doch frei miteinander sprechen. Du benimmst dich total verrückt."

Auf der Fahrt vom Golfplatz zurück waren beide kurz angebunden und schließlich trennten sich die beiden Männer, ohne ein Wort zu sagen. Als Sam nach Hause kam, fragte ihn seine Frau, was zwischen ihm und Mike vorgefallen war. „Woher wusstest du, dass etwas passiert ist?", fragte er. „Nun, Mike hat mich angerufen und mir erzählt, dass du dich komisch benimmst, geradezu paranoid. Dass du ihn angegriffen hast, weil er Tiger Woods gelobt hat und gemeint hat, dass er mehr Schwarze auf dem Golfplatz gesehen hat, was er großartig fand", erklärte Charlene. Sam seufzte laut und bat seine Frau, sich zu setzen. „Mike hat einige sehr beunruhigende Kommentare über Schwarze abgegeben. Er hat sich wegen meines Gewichts über mich lustig gemacht und als ich ihn damit konfrontiert habe, sagte er, dass ich überreagierte, zu empfindlich wäre und sogar, dass ich verrückt wäre. Ich weiß, was er gesagt hat und dass das nicht korrekt ist."

„Ich wollte dir das nicht sagen, aber Mike kam neulich zu mir auf die Arbeit und behauptete, er sei besorgt darüber, wie du dich verhältst. Er sagte, dass ihr euch beide nach Frauen umgesehen hättet, als ihr zusammen weg wart, und dass du sogar eine Frau angesprochen hast, um sie nach ihrer Nummer zu fragen. Er hat mich gebeten, es dir nicht zu sagen, damit er Beweise für mich finden kann. Ich habe es dir nicht gesagt, weil ich ehrlich gesagt geschockt war und zwei Tage lang darüber nachgedacht habe, was ich mit diesen Informationen anfangen soll. Aber nach dem, was du mir erzählt hast, denke ich, dass Mike ein Gaslighter ist."

Benommen saß Sam eine Weile schweigend da und starrte geradeaus. Plötzlich sagte er: „Rufen wir ihn an. Wenn er versucht, uns die Worte im Mund umzudrehen, dann wissen wir, dass er ein Gaslighter ist. Oder zumindest ich." Sie riefen Mike an. Er ging ans Telefon und sagte: „Hey Kumpel. Geht es dir wieder gut? Du hast vorhin ein wenig überreagiert. Ich habe mir Sorgen um dich gemacht!"

„Hast du meiner Frau gesagt, dass ich andere Frauen anschaue und sogar eine nach ihrer Nummer gefragt habe?", fragte Sam leise. „Was ... ich ... wovon redest du? Das habe ich nie gesagt. Charl ..." Mike stotterte, bevor er von Charlene unterbrochen wurde. „Mike, willst du damit sagen, dass ich lüge, wenn ich sage, dass du vor zwei Tagen in mein Büro gekommen bist, um mir zu sagen, dass du besorgt darüber bist, dass Sam andere Frauen ansieht und dass er sogar eine Frau nach ihrer Nummer gefragt hat?", fragte Charlene. „Charlene ... Schatz ... du musst falsch verstanden haben, was ich gesagt habe. Das habe ich nie behauptet. Ich wollte dir damit sagen, dass du gut auf meinen Kumpel aufpassen sollst, denn es gibt viele Frauen da draußen, die sich einen solchen Mann wünschen würden. Erinnerst du dich, ich habe dir sogar gesagt, ich würde dir einen Beweis dafür bringen, wie viele Frauen ihn wollen?"

Charlene und Sam sahen sich schweigend an, während Mike weiter log. „Leute ... seid ihr noch da? Schaut, das war ein großes Missverständnis. Ich kann sofort vorbeikommen und wir können es klären. Ich bin auf dem Weg zu euch. Ich werde etwas Wein mitbringen. Dann können wir alles klären und einen schönen Abend miteinander verbringen.", sagte Mike.

„Komm nie wieder in meine Nähe oder in die Nähe meiner Familie. Wenn ich dich sehe oder höre, dass du in die Nähe meiner Frau oder meinen Kindern gekommen bist, werde ich eine einstweilige Verfügung gegen dich erwirken." Mike begann auf der anderen Seite der Leitung zu schluchzen. „Tu das nicht. Wir können das klären. Ich empfinde nichts als Liebe für dich und deine Kinder. Charlene lügt, Mann. Du wirst eines Tages wieder bei mir ankriechen, wenn sie dich fallen lässt und dir deine Kinder wegnimmt. Ich weiß es, ich weiß es genau."

Sam legte den Hörer auf und rief nach seinen Söhnen. „Trey, Tyler, wir müssen euch etwas sagen. Onkel Mike ist hier nicht mehr willkommen und ihr sollt nichts mehr mit ihm zu tun haben. Okay?" „Sicher, Dad", sagte Trey. „Ich habe ihm sowieso nicht vertraut. Er hat Tyler gesagt, dass du und Mama einen solch heftigen Streit hattet, dass er hier war, um sicherzustellen, dass ihr euch nicht scheiden lasst. Er hat Tyler darum gebeten, ihm alles zu erzählen, was zu Hause vor sich geht, damit er euch helfen kann. Als Tyler es mir erzählt hat, habe ich ihm gesagt, dass das eine Lüge ist. Wir hatten jedoch Angst, dir davon zu erzählen, weil er dein Freund ist."

Es stellte sich heraus, dass Mikes Frau ihn verlassen und ihm seine beiden Töchter wegen seines Gaslighting-Verhaltens weggenommen hatte. Er hatte im College mit dem Gaslighting-Verhalten begonnen und diese Taktiken bei mehreren Frauen angewendet, mit denen er zusammen gewesen war, und auch bei einigen seiner Freunde.

Anzeichen einer toxischen Freundschaft

Es ist sehr wichtig zu erkennen, wann eine Freundschaft toxisch wird. In einigen Fällen ist die Freundschaft von Anfang an toxisch und in anderen Fällen wird sie im Laufe der Zeit allmählich toxisch. Dies sind Hinweise auf eine toxische Freundschaft:

Niedermachen

Ein toxischer Gaslighting-Freund möchte immerzu Recht haben und ihm ist es wichtig, die Kontrolle über Sie zu haben. In einer gesunden Freundschaft ist das Feedback, das Sie erhalten, positiv und motiviert Sie sogar. Das Feedback wird aus Liebe geäußert und nicht aus Bosheit. In einer toxischen Freundschaft spielt der „Freund" mit Ihren Unsicherheiten und verstärkt sie sogar, um Sie zu dominieren.

Kontrolle ausüben

Da wir gerade von Dominanz sprechen. In einer toxischen Freundschaft ist ein Freund dominanter als der andere. Der toxische Freund bestimmt, wohin Sie zusammen gehen, was Sie tun und beeinflusst sogar, wie Sie sich anziehen oder sprechen. Indem der toxische Freund die Kontrolle über Sie ausübt, verhindert er, dass Sie Ihre eigenen Entscheidungen treffen, und gibt sich selbst die Kontrolle über diese Entscheidungen.

Schuld

Wir alle machen Fehler, doch wenn der Gaslighter-Freund die Dinge so hindreht, als wären Sie an allem schuld, und versucht, sich selbst zu entlasten, dann befinden Sie sich in einer toxischen Freundschaft. Toxische Freunde übernehmen keine Verantwortung für ihre Handlungen, wenn diese negative Ergebnisse nach sich ziehen. Sie werden selbst für das geringste Problem verantwortlich gemacht, wenn Sie in der Nähe des toxischen Freundes sind.

Emotionale Erpressung

Diese Taktik beinhaltet das Zurückhalten von Hilfe oder Zuneigung, wenn das Opfer diese Dinge benötigt. Toxische Freunde lieben nicht bedingungslos, sondern ihre Liebe basiert nur auf den Dingen, die Sie ihnen geben können. Wenn Sie Ihnen diese Dinge nicht geben können oder wollen, nehmen toxische Freunde Ihre Anrufe nicht entgegen und antworten nicht auf Ihre Nachrichten. Toxische Freunde möchten Ihnen eine Lektion erteilen, indem sie sich Ihnen entziehen.

Demütigung

Freunde necken sich gern gegenseitig und dieses Verhalten gehört zu einer guten Freundschaft dazu. Toxische Freunde machen dies jedoch auf einer anderen Ebene, nämlich auf einer Ebene der Demütigung. Toxische Freunde machen sich sogar über das Opfer lustig. Wenn ein Freund ständig fiese Witze über Sie erzählt oder sich auf Ihre Kosten über Sie lustig macht, missbraucht er Ihre Freundschaft. Wenn Sie Ihren Freund damit konfrontieren und dieser entgegnet, dass Sie keinen Sinn für Humor haben, ist dies kein guter Freund.

Unvorhersehbarkeit

Widersprüchliche Verhaltensweisen Ihres Freundes, die ihn unberechenbar machen, sind ein Hinweis auf eine toxische Freundschaft. Wenn sich Ihr Freund oft so verhält, dann kann das zu einer toxischen Freundschaft führen. Bei dieser Art von Freundschaft können Sie sich nie vollständig entspannen.

Dies sind Sätze, die Gaslighting-Freunde häufig sagen:

- Du bist zu empfindlich.
- Wenn du ein guter Freund wärst, dann würdest du bemerken ...
- Ich bin so mit allen, nicht nur bei dir.
- Ich habe doch nur Spaß gemacht.

- Du hast keinen Sinn für Humor.
- Es ist gut, wenn du lernst, über dich selbst zu lachen.
- Was würdest du ohne mich tun?
- Ich kann dich kritisieren, weil wir Freunde sind.
- Du weißt selbst, dass du gerade unsicher bist.
- Das ist doch keine große Sache.
- Es ist deine Schuld, dass unsere Freundschaft nicht besser ist.

KAPITEL 8:

Die Sprache und Kultur einer Gaslighting-Gesellschaft

Die heutige Gaslighting-Kultur

Heutzutage werden Menschen, deren Realitätsempfinden nicht mit der gesellschaftlich akzeptierten Realität übereinstimmt, schnell vorverurteilt. Zum Beispiel gilt jeder, der nichts mit dem Slogan „Make America Great Again" anfangen kann, als schlecht informiert. Die Liberalen sind die Verrückten, die Konservativen sind zu verkrampft und jeder, der sich mit seiner politischen Meinung irgendwo dazwischen befindet, hat nicht das Rückgrat, um auf das „siegreiche Pferd" zu setzen. Hier sind einige Beispiele dafür, wie die aktuelle Politik der USA zu der Gaslighting-Kultur, in der wir heute leben, beigetragen hat:

Minderheiten ignorieren

Gaslighting ist in der heutigen Gesellschaft weit verbreitet, weil viele Menschen ausgegrenzt werden, deren Identität oder Praktiken nicht in die enge Definition dessen passen, was innerhalb der Gesellschaft als normal gilt. Von der LGBTQ-Gemeinschaft bis hin zu verschiedenen religiösen Gruppen, Ethnien und politischen Ideologien haben wir es zugelassen, dass Menschen Gaslighting-Methoden erfahren, indem wir daran zweifeln, dass die Rechte und Freiheiten dieser Menschen genauso wichtig sind wie die Rechte und Freiheiten der Mehrheitsgesellschaft.

Diese Ablehnung destabilisiert ganze Gemeinschaften, was wiederum die gesamte Nation destabilisiert. Infolgedessen konnten politische Anführer wie Donald Trump und Wladimir Putin an die Macht kommen, deren Lügen und Täuschungen nun als die Wahrheit gelten.

Menschen in Schubladen stecken

In der heutigen Kultur dreht sich alles um Schubladendenken. Sie sind entweder ein Versager oder ein Gewinner, und zwar je nachdem, wo und mit wem Sie zusammen leben und wie unabhängig Sie von Ihrer Familie sind. Dies hat dazu geführt, dass Menschen ihre Unterstützungssysteme verlieren, weil sie erfolgreich erscheinen wollen. Wenn solche Menschen Opfer von Gaslightern werden, kann es passieren, dass sie von ihren Familien isoliert werden, wodurch sie verwundbar werden. Solche Etiketten werden verwendet, um den Wert einer Person zu bemessen, stellen jedoch einen Ausgangspunkt für schändliches emotionales Verhalten dar.

Anerkennung verweigern, wenn diese angebracht wäre

In unserer heutigen Gesellschaft der kulturellen Aneignung verstehen wir nicht, dass die Aneigner den Schöpfern ihre Anerkennung für das verweigern, was diese geschaffen haben. Aus diesem Grund werden die Communities, die diesen Trend ursprünglich geschaffen haben, entmachtet. Das historische menschliche Trauma, das mit Sklaverei und Kolonialisierung verbunden ist, wird ausgelöscht und trivialisiert. Indem die Kultur dieser Minderheiten geleugnet wird und die kulturelle Aneignung gefördert wird, wird einer ganzen Community Gaslighting angetan. Aus diesem Grund werden Personen aus diesen Communities systematisch erneut unterdrückt.

Die Vergangenheit umschreiben

Dies bedeutet, dass die aktuelle Generation Lügen über die Ereignisse verbreitet, die in der Vergangenheit passiert sind. Die Gaslighter versuchen, die historischen Ungerechtigkeiten zu beseitigen, indem sie ihr Narrativ so anpassen, dass es sie begünstigt.

Zum Beispiel hat die Neuinterpretation der Organisation von Sitzstreiks und Safe Spaces durch Schwarze einen direkten Einfluss darauf, wie Colin Kapernicks friedlicher Protest auf Knien gegen die Ermordung junger schwarzer Männer aufgenommen wird. Auch US-Präsident Donald Trump schreibt die Geschichte um, was dazu führt, dass die Gesellschaft in Bezug auf die Vergangenheit desensibilisiert wird und nun den Protest an sich als das Problem erachtet.

Die Zukunft der Gaslighting-Gesellschaft

Unsere Kinder werden in der Zukunft mit Gaslighting zu tun haben und wir signalisieren ihnen, dass es in Ordnung ist, die psychische Gesundheit einer anderen Person aufs Spiel zu setzen. Mobbingfälle, bei denen der Mobber das Opfer sogar dazu ermutigt, sich selbst zu töten, haben zugenommen. Meistens weisen die Mobber narzisstische Tendenzen auf und glauben, dass sie besser als ihre Opfer sind.

Um diese schändliche Entwicklung in Bezug auf menschliche Interaktionen aufzuhalten, müssen wir mit unseren Kindern Gespräche über das Thema Gaslighting führen, ihnen erklären, was passiert, wenn sie Gaslighting-Taktiken bemerken, und ihnen sagen, wie sie Gaslighting-Taktiken vermeiden und diese in Beziehungen und Freundschaften überwinden können.

Um Gaslighting zu bekämpfen, müssen wir bessere Forderungen an unsere politischen Führer und Mitmenschen stellen. Es darf nicht zur Normalität werden, dass ein Präsident lügt oder Gaslighting-Methoden anwendet.

Gaslighting und Social Media

Gaslighting in sozialen Medien wird als „Cloutlighting" bezeichnet. Die sozialen Netzwerke sind zu einem Ort avanciert, an dem geschäftliche und persönliche Interaktionen stattfinden, doch sie können auch ein Ort sein, an dem die schändlichste Form des

Gaslightings auftritt. Durch das Internet bekommt der Gaslighter ein größeres Publikum, wenn er sein Opfer diskreditiert, und kann sogar andere Gaslighter dazu anstiften, ebenfalls Gaslighting zu betreiben.

Nehmen Sie zum Beispiel eine Gruppe von Freundinnen, von denen eine eine Gaslighterin ist. Sie wird Treffen organisieren und ihr Opfer dadurch ausschließen, indem sie Bilder von sich mit den anderen Freundinnen in den sozialen Medien veröffentlicht, obwohl sie genau weiß, dass das Opfer dieser Bilder sehen wird. Wenn das Opfer fragt, warum sie ausgeschlossen wurde, lässt die Gaslighterin sie vor den anderen Freundinnen schlecht aussehen und diskreditiert sie damit. Wenn das Opfer jedoch nicht nachfragt, wird es sich ständig fragen, was es falsch gemacht hat, um von dem Treffen ausgeschlossen zu werden. In einem solchen Szenario ist es für die Gaslighterin sehr einfach, die anderen Freundinnen zu ihren Komplizinnen zu machen. Schon bald macht sich der Rest der Gruppe über die Situation des Opfers lustig, da die anderen Freundinnen nicht wissen, was hinter den Kulissen mit dem Opfer und der Gaslighterin vor sich geht.

Unter „Cloutlighting" versteht man das Fertigmachen eines Opfers in den sozialen Medien, um andere Menschen zu schockieren und manchmal sogar zu unterhalten. Haben Sie jemals ein Video von einem Mann oder einer Frau im Internet gesehen, in dem diese Person in einer scheinbar normalen Situation überzureagieren scheint, was dazu führt, dass man sich über diese Person lustig macht? Stellen Sie sich für eine Minute vor, dass sich diese Person in einer toxischen Beziehung mit einem Gaslighter befindet. Der Täter zeichnet die Reaktion des Opfers auf und stellt das Video online. Dann haben Sie gerade eine Person gesehen, die Opfer von Cloutlighting wurde. Der Täter möchte Sympathie von den Zuschauern des Videos erhalten und lässt sein Opfer in einem schlechten Licht dastehen. Der Täter wird böse Kommentare über das Opfer verwenden, um den emotionalen Missbrauch noch weiter zu verstärken.

Dies sind häufig vorkommende alltägliche Redewendungen, mit denen Menschen bei anderen Menschen Gaslighting-Taktiken anwenden:

- Du nimmst die Dinge zu persönlich.
- Du verstehst keinen Spaß.
- Du bist zu empfindlich.
- Wir haben darüber gesprochen, kannst du dich nicht erinnern?
- Muss ich mich ständig wiederholen?
- Glaubst du nicht, dass du überreagierst?
- Du ziehst gerne voreilig Schlüsse.
- Hörst du eigentlich, was du da sagst?
- Hör auf, die Dinge so ernst zu nehmen.
- Warum bist du sauer wegen eines Witzes?

Häufig angewandte Sätze, mit denen bösartige Gaslighter Menschen entwaffnen:

Das bildest du dir nur ein.

Dieser Satz soll Sie an Ihrer Wahrnehmung dessen, was Sie erlebt haben, zweifeln lassen. Sobald Sie anfangen, an sich selbst zu zweifeln, übernimmt der Gaslighter die Kontrolle.

Das war doch nur ein Scherz.

Wenn ein Gaslighter diesen Satz verwendet, bekommen Sie das Gefühl, dass Sie keinen Humor haben und zu viel in das hineininterpretieren, was der Gaslighter sagt. Obwohl der Gaslighter sagt, dass Sie den Witz nicht so ernst nehmen sollen, will er, dass Sie den Witz ernst nehmen und anfangen, an sich selbst zu zweifeln.

Du reagierst immer über. Du bist zu empfindlich.

Dieser Satz lässt es so aussehen, als ob Ihre Reaktion auf die Sprüche des Gaslighters falsch ist. Die korrekte Reaktion ist jedoch die, die der Gaslighter von Ihnen verlangt, nämlich nicht zu empfindlich zu sein.

Vergiss es einfach und denk nicht mehr darüber nach.

Dies ist ein sehr abweisender Satz, der Ihre Gefühle trivialisieren und unwichtig machen soll. Er wird in der Öffentlichkeit verwendet, um Ihr Selbstwertgefühl in der Öffentlichkeit abzuwerten.

Du bist verrückt.

Dieser Satz ist beliebt, weil er das Opfer als labil darstellt und gleichzeitig dazu führt, dass der Täter sympathischer wirkt.

KAPITEL 9:

Die langfristigen Folgen des Gaslighting

Wie sich die Opfer fühlen und wie ihr Geisteszustand während des Gaslighting-Prozesses ist

Gaslighting-Opfer haben schlicht und ergreifend das Gefühl, ihr Selbstwertgefühl nach und nach zu verlieren. Sie neigen dazu, sich aufgrund des missbräuchlichen Verhaltens völlig wertlos und entwertet zu fühlen, was auch genau dem Ziel des Täters entspricht. Der Geisteszustand eines Opfers von Gaslighting durchläuft folgende Phasen:

Ungläubigkeit

Das Opfer kann es meistens nicht glauben, wie sehr sich der Täter verändert. Das Opfer hat das Gefühl, dass es mehr tun muss, um das zuvor vorhandene gesunde Gleichgewicht wiederherzustellen. Wenn das Gaslighting beginnt, wird das Opfer Entschuldigungen für den Täter vorbringen und glauben, dass es sich hierbei nur um eine Flaute in der Beziehung handelt.

Verteidigung

Je mehr der Täter das Opfer fertig macht, desto mehr versucht er, es zu brechen. Am Anfang leistet das Opfer jedoch noch Widerstand. Das Opfer wird sich zu diesem Zeitpunkt noch verteidigen, weil es noch nicht vollständig von dem Täter durch die Gaslighting-Taktiken gebrochen wurde.

Depressionen

Diese Phase folgt schnell auf die Verteidigungsphase, da das Opfer oftmals das Gefühl hat, der missbräuchlichen Behandlung und dem ständigen Niedermachen nicht mehr standhalten zu können. In diesem Stadium fühlt sich das Opfer so, als würde es ständig etwas falsch machen. Es befindet sich konstant in einem deprimierenden Umfeld, sodass es allmählich in Depressionen versinkt.

Es ist schwer, aus einer Depression herauszukommen und dies ist die Phase, in der der Gaslighter langsam die Oberhand gewinnt. Zu diesem Zeitpunkt kann es sich der Täter nicht leisten, seine psychologische Folter aufzugeben, sodass er die Person isoliert, um alleinigen Zugang zu ihr zu haben.

Allgemeine Konsequenzen und langfristige Wirkung des Gaslightings

Es gibt verschiedene allgemeine Konsequenzen des Gaslightings, auf die Sie bei sich selbst und bei Ihren Angehörigen achten müssen, wenn Sie den Verdacht haben, dass Gaslighting auftritt:

Selbstzweifel

Ständiges Zweifeln an sich selbst ist eine direkte Folge des erodierten Selbstvertrauens, da der Täter dem Opfer ständig das Gefühl gibt, dass sein Urteilsvermögen getrübt ist. Es fragt sich ständig, ob das, was es beobachtet hat, echt ist und ob es die richtige Entscheidung getroffen hat.

Angst

Gaslighting-Opfer leben in einem Umfeld der ständigen Angst. Es hat ständig Angst davor, den Täter zu verärgern, Angst davor, alles zu verlieren, Angst davor, dass niemand ihm glauben wird, und Angst davor, von vorne beginnen zu müssen.

Ständiges Entschuldigen

Der Täter sorgt dafür, dass das Opfer immer im Verteidigungsmodus ist. Aus diesem Grund entschuldigt es sich ständig für seine „Fehler", die die Beziehung zerstören. Es kann sogar vorkommen, dass sich das Opfer für seine bloße Existenz entschuldigt, was bedeutet, dass es geistig extrem verletzlich ist und sich selbst etwas antun könnte.

Depressionen

Es ist üblich, dass Gaslighting-Opfer depressiv und melancholisch werden. Nichts weckt sie aus ihrem Nebel der Traurigkeit auf und sie akzeptieren den ständigen Missbrauch und das Niedermachen durch den Täter, weil sie glauben, dass sie nichts Anderes verdient haben.

Informationen zurückhalten

Opfer sind normalerweise darauf konditioniert, Informationen zurückzuhalten, weil der Täter versucht, alle Personen gegen sie aufzubringen. Wenn ein Opfer in der ersten Person, dem es sich öffnet, keine Unterstützung findet, bekommt es vermutlich das Gefühl, dass es keiner Menschenseele davon erzählen kann. Außerdem ist mit allen Formen des Missbrauchs immer noch viel Scham verbunden und es kommt häufig vor, dass sich das Opfer stark dafür schämt, was ihm widerfahren ist.

Unentschlossenheit

Das Opfer kann nicht einmal einfachste Entscheidungen treffen und wird sich jemanden suchen, der diese Entscheidungen für ihn trifft. Dies liegt daran, dass das Opfer in Bezug auf seine Entscheidungen abhängig vom Täter ist. Wenn der Täter nicht dabei ist, dann kann es vorkommen, dass das Opfer nicht dazu in der Lage ist, auch nur die grundlegendsten Entscheidungen zu treffen.

Schuld

Einige Opfer fühlen sich schuldig, wenn sie darüber sprechen, wie schlecht der Täter mit ihnen umgeht, weil er in der Vergangenheit gut zu ihnen war. Das Opfer hat Angst davor, dass Freunde und Familie denken, es sei womöglich undankbar oder nur auf das Geld des Täters aus.

Emotionales Trauma und Symptome

Es ist wichtig zu verstehen, dass Gaslighting-Opfer so tief traumatisiert werden können, dass es Jahre dauern kann, bis der Schaden behoben ist, wenn dieser überhaupt rückgängig gemacht werden kann. Die Mehrheit der Opfer weist folgende Traumasymptome auf, die jedoch behandelt werden können, wenn sie früh genug erkannt werden:

- Hypervigilanz (Erwartung eines zusätzlichen Traumas).
- Rückblenden schmerzhafter Ereignisse, die zu jeder Tages- und Nachtzeit auftreten.
- Erhöhte Angst.
- Unvorhersehbare Stimmungsschwankungen.
- Geistige Verwirrung
- Wiederkehrende schlechte Erinnerungen.

Dies sind die Kernsymptome, deren Entwicklung Jahre gedauert hat und die behandelt und möglicherweise beherrscht werden können. Verschwinden werden diese Symptome jedoch niemals.

Kognitive Dissonanz

Wie ich bereits sagte, ist die kognitive Dissonanz der Geisteszustand, bei dem eine Person zwei verschiedene Überzeugungen vertritt, wobei diese Überzeugungen im Widerspruch zueinander stehen, wodurch die Person psychologischen Stress erfährt. Gaslighting-Opfer glauben, dass ihr Überleben von dem Täter abhängt und dass es akzeptabel ist, dass sich der Gaslighter so verhält, wie er sich verhält. Die Wut und der Hass, die der Täter zeigt, treten deswegen auf, weil der Gaslighter das Opfer liebt und es vor sich selbst schützen will.

Zum Beispiel kann es sein, dass eine Frau, die in einer missbräuchlichen Beziehung steckt, den Schmerz und den Missbrauch hasst, sie jedoch noch mehr Angst davor hat, ohne den Gaslighter ihr Leben führen zu müssen. Schließlich liebt der Gaslighter sie ja. Solche Opfer sind eher bereit zu sterben, als sich ein Leben ohne den Täter aufzubauen. Deswegen verteidigen sie das Verhalten des Gaslighters vor Familie und Freunden. Gaslighting-Opfer versuchen, die kognitive Dissonanz zu unterdrücken, um den internen Konflikt zu bewältigen, den sie empfinden. Dies hilft ihnen dabei, ihre primitiven Ängste zu bewältigen, die sich aus der Situation ergeben.

Leider überzeugen sich die Opfer auf diese Weise selbst davon, dass doch alles nicht so schlimm ist, und wenn der Täter plötzlich ein bisschen freundlich zu ihnen ist, glauben sie, dass sich nun alles zum Besseren wenden wird. Für Gaslighting-Opfer wird die kognitive Dissonanz zu einem Hilfsmittel, auf das sie sich stützen, um ihre persönliche Hölle zu überleben.

Wie Gaslighting in toxischen Beziehungen das Realitätsempfinden und das Selbstbewusstsein des Opfers untergräbt

Der Gaslighter ist dem Opfer immer einen Schritt voraus, was bedeutet, dass er bereits geplant hat, diese drei Schritte anzuwenden, um das Realitätsempfinden und das Selbstbewusstsein seines Opfers zu untergraben:

Die Idealisierungsphase

In dieser Phase zeigt sich der Gaslighter von seiner besten Seite und er manipuliert das Opfer auf effektive Art und Weise, damit es ihm vertraut. Das Opfer macht laut dem Gaslighter alles richtig und er überhäuft es mit Liebe, Aufmerksamkeit und Zuneigung. Diese Verhaltensweise täuscht dem Opfer vor, dass es sich in einer liebevollen Beziehung befindet, was dazu führt, dass es den Täter in sein Herz lässt.

Die Abwertungsphase

Während dieser Phase wird der Gaslighter eiskalt und macht das Opfer immer stärker nieder. Das Opfer kann angeblich nichts mehr richtig machen und wird ständig mit Kritik anstelle von Liebe überschüttet. Auf diese Weise wird das Opfer depressiv und es gibt sich immer mehr Mühe, den Gaslighter glücklich zu machen, allerdings ohne Erfolg. Das Opfer fühlt sich unwürdig und wie ein Versager. Diese Phase ist äußerst verheerend, da sich zu diesem Zeitpunkt ein Muster für zünftige Beziehungen entwickeln kann.

Die Abschussphase

Dies ist der Zeitraum, in dem der Täter herausfindet, wie er dem Opfer am meisten schaden kann. Es kann passieren, dass der Täter das Opfer verlässt, dafür sorgt, dass das Opfer glaubt, es sei mental instabil, oder es sogar tötet. Der Täter versucht also, das Opfer loszuwerden. Je mehr das Opfer versucht, an der Beziehung festzuhalten, desto mächtiger und grausamer wird der Täter. Der Gaslighter spielt immer mit der Möglichkeit, sein Opfer zu verlassen, damit es noch mehr an der Beziehung festhält.

KAPITEL 10:

Gaslighting-Beweise

Gängige Gaslighting-Techniken, die Sie kennen sollten, wenn Sie auf sie treffen

Lügen und Verleugnung

Die einzige Sache, die wir zu 100 % garantieren können, besteht darin, dass der Gaslighter ein Lügner ist. Gaslighter erzählen unverhohlene Lügen über alles und jeden. Sie verwenden Lügen, um das Opfer zu konditionieren und sich als seine Autoritätsperson zu etablieren.

Projektion

Gaslighting ist dadurch gekennzeichnet, dass der Täter seine eigenen Fehler und Unsicherheiten auf das Opfer projiziert. Wenn er selbst schlampig ist, beschuldigt er das Opfer, schlampig zu sein. Wenn er Schwierigkeiten damit hat, pünktlich zu sein, beschuldigt er das Opfer, ständig zu spät zu kommen, auch wenn es nur zwei Minuten zu spät dran ist. Wenn er betrügt, beschuldigt er das Opfer des Betrugs, um seine Handlungen zu verheimlichen.

Ablenken

Der Gaslighter wendet während eines Gesprächs Ablenkungstaktiken an, indem er einfach das Thema wechselt und sich weigert, die Bedenken seines Opfers anzuerkennen. Manchmal weigert er sich vollständig, dem Opfer zuzuhören oder auf Probleme zu reagieren, die das Opfer zur Sprache bringt.

Inkongruenz

Dies bedeutet, dass der Gaslighter nicht das meint, was er sagt. Es kann sein, dass die Worte, die aus dem Mund eines Gaslighters kommen, nicht mit seinen Handlungen übereinstimmen. Ein Gaslighter sagt „Ich liebe dich", gefolgt von lieblosen Handlungen wie kalten Blicken, Schmollen oder tagelangem Schweigen.

Kontern

Es ist ein Spiel für den Gaslighter, die Erinnerungen und das Realitätsempfinden des Opfers in Frage zu stellen, welches er während der gesamten Beziehung spielen wird. Gaslighter lieben es, dass man sich für Informationen an sie wenden muss.

Isolierung

Wenn Sie bemerken, dass Ihr potenzieller Partner versucht, einen Keil zwischen Sie und Ihre Lieben zu treiben, ist es an der Zeit, dass Sie sich nach dem Grund fragen. Isolation ist der Schlüssel zu einer effektiven Gaslighting-Taktik, da das Opfer ohne sein Unterstützungssystem anfälliger für die Angriffe des Täters ist.

Die 5 Gaslighting-Schritte: Erfahren Sie, wie Gaslighter vorgehen

1. Sie benutzen Ihre Angst gegen Sie

Sie haben einen Gaslighter in Ihr Leben gelassen und vertrauen ihm nun. Doch anstatt Sie zu beschützen, wendet er Ihre Ängste gegen Sie an. Zum Beispiel beschweren sich Amerikaner seit Langem über den „Sumpf in Washington" und über den sogenannten „Deep State". Donald Trump nutzte diese Ängste und Sorgen und wandte Gaslighting-Methoden beim amerikanischen Volk an. Jedes Mal, wenn es deswegen zur Rede gestellt wurde, sagte er, der Deep State sei hinter ihm her, weil er für das Wohl des amerikanischen Volkes arbeite.

2. Gaslighter tun so, als wüssten sie mehr über Sie als jeder andere

Jedes Mal, wenn Sie sich mit einem Gaslighter streiten, wird dieser etwas Negatives, was sich auf eine Ihrer Schwächen bezieht, gegen Sie verwenden. Wenn Sie zum Beispiel nicht gut mit Finanzen umgehen können, sagt ein Gaslighter: „Du weißt, dass ich dich besser kenne als jeder andere. Du kannst nicht mit Geld umgehen. Du bist beim Thema Geld ein Reinfall. Deshalb bin ich hier, um mich um solche Dinge zu kümmern."

3. Gaslighter normalisieren Respektlosigkeit

Während der Phase, in der der Täter versucht, das Opfer abzuwerten, normalisiert er die Respektlosigkeit jedes Mal, wenn man ihn darauf hinweist. Zum Beispiel sagen Gaslighter Dinge wie: „Hörst du eigentlich selbst, was du da sagst? Du klingst verrückt." Das Opfer wird daraufhin entgegnen: „Hey, nenn mich nicht verrückt." „Baby, du musst lernen, dass man einen Witz nicht immer falsch verstehen sollte. Ich habe doch nur Spaß gemacht.", sagt der Gaslighter daraufhin. Schon bald werden Sie von dem Gaslighter als verrückt bezeichnet werden und Sie werden dies akzeptieren, weil er nur Spaß macht und Sie einfach zu sensibel sind.

4. Gaslighter stellen Ihr Engagement in Frage

Indem sie Ihr Engagement in Frage stellen, stellen Gaslighter die Stabilität der Beziehung in Frage. Zum Beispiel verlangen Gaslighter etwas, von dem sie wissen, dass Sie dies nicht tun können, wie beispielsweise all Ihre Ersparnisse für ihr Projekt auszugeben. Wenn Sie dies nicht tun, wird der Gaslighter extrem traurig und droht sogar damit, die Beziehung zu beenden oder sich selbst zu schaden.

5. Gaslighter verwenden negative Affirmationen

Gaslighter sorgen dafür, dass Sie an sich selbst zweifeln, indem sie negative Aussagen als absolute Wahrheiten über Sie verwenden. Zum Beispiel sagen Gaslighter zu ihren Opfern: „Ich weiß nicht, warum man dich noch nicht von deinem Job gefeuert hat. Du kannst deine Arbeit ja kaum bewältigen. Du hast nicht das Zeug dazu."

Einfache Reaktionen, die man einem Gaslighter entgegnen kann, die jedes Mal funktionieren

Der starrende Blick

Schauen Sie sich die Person, die einen bestimmten Kommentar abgegeben hat, lange an und beobachten Sie ihre Reaktion. Die unangenehme Stille, die sich daraufhin entwickelt, reicht normalerweise aus, damit sich der Gaslighter entschuldigt oder in Verlegenheit gebracht wird. Probieren Sie es aus und sehen Sie selbst, wie sich der Gaslighter blamiert. Der Trick mit dem starrenden Blick ist eine großartige Möglichkeit, um seinen Unglauben darüber auszudrücken, was der Gaslighter will. Diesen Trick sollten Sie jedes Mal anwenden, wenn Sie an der Geschichte des Gaslighters zweifeln.

Erinnern Sie sich an jeden Fehler

Ein Gaslighter erinnert sich akribisch an jeden Fehler seines Opfers. Machen Sie also dasselbe. Wenn der Gaslighter eine Geschichte erzählt und einen Fehler macht, dann machen Sie ihn darauf aufmerksam.

Missverstehen Sie einen Gaslighter absichtlich

Wenn Sie merken, dass der Gaslighter versucht, eine Geschichte falsch zu erzählen oder Sie anzulügen, lassen Sie sich davon nicht aus dem Konzept bringen. Verhalten Sie sich stattdessen so, als würden Sie das Ganze nicht verstehen. Sagen Sie zum Beispiel so etwas wie: „Ich kann nicht verstehen, dass wir dasselbe gesehen haben, und doch haben du und ich unterschiedliche Versionen von diesem Ereignis. Interessant, wie das menschliche Gehirn funktioniert. Ich weiß, was ich gesehen habe, und ich bin mir sicher, dass du auch weißt, was du gesehen hast. Ich kann deine Meinung nicht ändern und du kannst meine auch nicht ändern. Einigen wir uns einfach darauf, dass wir uns nicht einig sind."

Greifen Sie selbst zu Gegenmaßnahmen

Ein Gaslighter sagt, dass Sie die Toilette nicht gespült haben, und Sie sagen, dass Sie es doch getan haben. Sie haben sich jedoch selbst beim Singen auf dem Klo aufgenommen. Präsentieren Sie die Beweise, um die Lügen des Gaslighters zu kontern. Wenn der Gaslighter sagt, dass er Ihnen eine SMS geschickt hat, und Sie wissen, dass er es nicht getan hat, bitten Sie ihn, Ihnen die Nachricht zu zeigen. Auf diese Weise merkt der Gaslighter, dass Sie bei seinem Spielchen nicht mitmachen. Wenn Ihnen etwas wichtig ist und der Gaslighter versucht, diese Sache zu trivialisieren, machen Sie ihn sofort darauf aufmerksam.

Schnelle und schlagfertige Antworten

Gaslighter: „Das habe ich nicht gesagt."

Erwiderung: „Doch, das hast du getan und von nun an werde ich anfangen, unsere Gespräche aufzuzeichnen, damit du deine eigenen Worte nicht mehr leugnen kannst."

Gaslighter: „Ich freue mich auf das Abendessen an diesem Freitag. Danke für die Einladung."

Erwiderung: „Ich habe dich nicht zum Abendessen eingeladen. Ich habe dir gesagt, dass ich mit meinen Freunden zum Spinning-Kurs gehe."

Gaslighter: „Ich habe dieses Datum nie bestätigt."

Erwiderung: „Doch, das hast du. Hier ist die Nachricht, in der du das Datum bestätigst."

Gaslighter: „Aber du hast gesagt, dass du dich finanziell beteiligen wirst. Wie soll ich das allein bezahlen?"

Erwiderung: „Ich weiß es nicht. Ich habe nie gesagt, dass ich mich finanziell daran beteiligen werde. Ich habe dir gesagt, dass ich es tun werde, wenn ich etwas Geld übrig habe. Dies liegt nicht in meiner Verantwortung."

Gaslighter: „Sei nicht so empfindlich."

Erwiderung: „Das ist respektlos. Ich sage dir nicht, wie du dich fühlen oder handeln sollst, also sage mir auch nicht, wie ich mich fühlen soll."

Gaslighter: „Verstehst du keinen Spaß?"

Erwiderung: „Was war daran lustig? Ist es der Teil, bei dem du dich in der Öffentlichkeit über mich lustig gemacht hast, oder der Teil, bei dem du allen private Dinge über mich erzählt hast?"

Gaslighter: „Ich habe dir eine SMS geschickt, um die Verabredung abzusagen. Hast du meine Nachricht nicht gesehen?"

Erwiderung: „Nein, ich habe keine Nachricht gesehen. Zeige sie mir."

Gaslighter: „Du liebst mich nicht so, wie ich dich liebe."

Erwiderung: „Schau, ich kann dich nur auf meine Art lieben. Du setzt nicht den Standard, wie man liebt."

Einfache Möglichkeiten, um die Auswirkungen von Gaslighting zu bekämpfen

Konfrontieren

Lassen Sie sich vom Gaslighter nicht klein kriegen, wenn Sie wissen, dass er lügt. Es wird den Täter definitiv verärgern, wenn er merkt, dass Sie Widerstand leisten, es zeigt ihm aber auch, dass Sie nicht alles mit sich machen lassen. Nehmen Sie sich eine Minute Zeit und sammeln Sie sich, damit Sie genau wissen, womit Sie es zu tun haben. Die Reaktionstaktik des Gaslighters wird darin bestehen, Sie zu beschwichtigen und Ihnen das Gefühl zu geben, überreagiert zu haben.

Bitten Sie um eine Erklärung

Der Gaslighter kann seine Handlungen nicht erklären, wenn er darum gebeten wird, weil er die schändliche Natur dieser Handlungen kennt. Dies bringt den Gaslighter in die Defensive und seine Reaktionstaktik besteht normalerweise darin, emotional zu werden und Sie zu beschuldigen, ihn nicht zu lieben, oder Sie für ein Missverständnis verantwortlich zu machen.

Beweise erbringen

Wenn der Gaslighter sagt, dass Sie in einer Sache nicht gut sind und er sich deshalb um Sie kümmern muss, dann weisen Sie auf Fälle hin, in denen Sie diese bestimmte Aufgabe gut erledigt haben. Es wird für den Gaslighter schwieriger werden, Sie ohne Beweise zu kritisieren. Und wenn er immer noch weiter herumdiskutieren will, dann lehnen Sie ab und verweisen Sie auf Ihren Beweis.

Fordern Sie Respekt ein

Der Gaslighter wird Ihre Grenzen in Bezug auf Respekt austesten. Fordern Sie Respekt ein und beenden Sie die Beziehung, wenn Sie keinen Respekt erhalten. Geben Sie dem Gaslighter keine Chance, respektlos zu werden, da es ab diesem Zeitpunkt nur noch bergab geht.

Eine neue Fähigkeit, um Gaslighter zu bekämpfen

Achtsamkeit

Achtsamkeit ist unsere grundlegende menschliche Fähigkeit, in der Gegenwart zu bleiben und sich unserer Umgebung und unserer Handlungen bewusst zu sein. Der Gaslighter wird sich bemühen, Ihre Realität zu verändern, doch wenn Sie achtsam sind, verbleiben Sie in der Gegenwart und sind dazu in der Lage, falsche Narrative zu bekämpfen, die der Gaslighter womöglich herumerzählt.

Achtsamkeit gibt Ihnen das Vertrauen und die Munition, um sich jeder Situation zu stellen. Um Achtsamkeit zu trainieren, müssen Sie Folgendes tun:

Achten Sie auf Ihr Bauchgefühl

Ihr Bauchgefühl wird Sie niemals im Stich lassen. Nennen Sie es Intuition, wenn Sie so wollen, doch es sagt Ihnen, wenn sich eine Situation nicht richtig anfühlt. Gaslighting basiert auf Lügen. Vertrauen Sie also Ihrem Bauchgefühl, wenn es Ihnen sagt, dass Sie belogen werden.

Führen Sie ein Tagebuch

Ein Gaslighter verändert sich ständig wie ein Chamäleon. Wenn Sie also ein Tagebuch führen, in dem Sie sich notieren, wann der Gaslighter was gesagt hat, können Sie den Überblick über die Fakten behalten. Möglicherweise müssen Sie das Tagebuch geheim halten.

Meditieren

Gaslighter beschimpfen ihre Opfer oft und machen sie nieder, um ihre geistige Gesundheit zu manipulieren. Meditieren Sie und erhalten Sie Ihre Achtsamkeit. Auf diese Weise entspannen Sie nicht nur, sondern erlangen auch Klarheit.

Bewegung

Dies ist leichter gesagt als getan, doch Bewegung bringt Körper und Geist in Einklang. Ein gesunder Körper und Geist sind für einen Gaslighter schwerer zu kontrollieren. Der Stress und die PTBS, die sich aus dem Zusammenleben mit einem Gaslighter ergeben, können bekämpft werden, indem Sie sich etwas Zeit nehmen, um Yoga oder Tai Chi zu machen.

SCHLUSSBEMERKUNG

Dieses Buch soll Ihnen dabei helfen, Gaslighting zu erkennen und zu bekämpfen, bevor es sich in einer Beziehung manifestiert und sich schwächend auf Sie oder auf Ihr Umfeld auswirkt. Gaslighting tritt häufig auf und ist eine Form des Missbrauchs, die immer mehr an Dynamik gewinnt und seit langer Zeit benutzt wird, um die Kontrolle über das Opfer zu erlangen. Manche Menschen wenden Gaslighting-Methoden bewusst an, doch es gibt auch einige Gaslighter, die sich ihrer Handlungen nicht bewusst sind.

In diesem Buch habe ich über Gaslighting-Methoden im Zusammenhang mit romantischen Beziehungen, innerhalb der Familie, am Arbeitsplatz und im Freundeskreis gesprochen. Sie sollten nun dazu in der Lage sein, die Herangehensweise eines Gaslighters und seine Ziele zu verstehen. Ich hoffe, dass ich auch etwas Licht ins Dunkel bringen konnte, wie Sie Gaslighter in Ihrem Leben in unterschiedlichen Kontexten identifizieren können.

Die Persönlichkeit des Gaslighter ist geprägt von Unsicherheiten, Ängsten, Zweifeln, einem geringen Selbstbewusstsein und einem geringen Selbstwertgefühl. Diese Charakterprobleme spielen eine große Rolle dabei, warum der Gaslighter zu einem kontrollierenden, manipulativen Individuum wird. Unabhängig davon, ob der Gaslighter seine Gaslighting-Methoden bewusst oder unbewusst anwendet, so sind die Auswirkungen auf das Opfer stets die gleichen.

Es ist wichtig zu wissen, mit welcher Art von Gaslighter Sie es zu tun haben, um sein Handlungsmuster effektiv erkennen zu können. Wenn der Gaslighter Sie bedroht und missbräuchlich behandelt, haben Sie es mit einem Einschüchterungs-Gaslighter zu tun. Wenn Sie es mit einem Gaslighter vom Typ Dr. Jekyll und Mr. Hyde zu tun haben, passt er in das Profil eines Good-Guy-Gaslighters. Dieser Gaslighter ist vielleicht der heimtückischste von allen.

Der Glamour-Gaslighter kann an seinem typischen Verhalten erkannt werden, mit dem er sich Ihnen nähert und schließlich dafür sorgt, dass Sie sich ihm gegenüber verpflichtet fühlen.

Es ist in einer Beziehung von entscheidender Bedeutung, sich selbst zu hinterfragen, da Sie möglicherweise selbst unwissentlich ein Gaslighting-Verhalten an den Tag legen. Einige der Fragen, die ich erstellt habe, können Ihnen dabei helfen, herauszufinden, ob auch Sie ein Gaslighter sind und wenn ja, in welchem Maße. Dieses Buch hilft Ihnen dabei, all diese Dinge zu verstehen und die Muster zu erkennen.

Das Versprechen, das ich in diesem Buch gemacht habe, bestand darin, Ihnen alle Informationen zu geben, die ich über das Thema Gaslighting weiß, Ihnen die Absichten eines Gaslighters zu erklären und Ihnen einige Beispiele dafür zu nennen. Anhand der Beispiele und Geschichten in diesem Buch können Sie nun Gaslighting in Ihrem Leben und im Leben Ihrer Mitmenschen identifizieren und eine Lösung finden.

Die größte Erkenntnis aus diesem Buch sollte sein, dass das Opfer keine Schuld trägt. Das Opfer hat es mit einem erfahrenen Manipulator zu tun, der keine Skrupel hat und nicht fair spielt. Viele Opfer zeigen Resilienz und sind für ihren Kampfgeist zu bewundern, weil sich ein Gaslighter nicht kampflos ergeben wird. Wenn Sie eine Person kennen, bei der Gaslighting-Methoden angewendet werden, dann bleiben Sie die Konstante im Leben dieser Person und passen Sie immer auf sie auf.

VERWEISE

Duignan, B, Gaslighting: Human behavior. https://www.britannica.com/topic/gaslighting

Haider, A (2019). A Cultural History of Gaslighting. http://www.bbc.com/culture/story/20191122-cultural-history-of-gaslighting-in-film

Waldman, K (2016). Form Theatre to Therapy to Twitter, The Eerie History of Gaslighting. https://slate.com/human-interest/2016/04/the-history-of-gaslighting-from-films-to-psychoanalysis-to-politics.html

Dean, M (2020). Gaslighting: A Sneaky Kind of Emotional Abuse https://www.betterhelp.com/advice/relations/gaslighting-a-sneaky-kind-of-emotional-abuse/

Sarkis, S Ph.D. (2017). Are Gaslighters Aware of What they Do? https://www.psychologytoday.com/us/blog/here-there-and-everywhere/201701/are-gaslighters-aware-what-they-do

Gustafson, K. Are You a Gaslighter. http://together.guide/are-you-a-gaslighter/

Woodruff, T (2019). Gaslighting: Are You a Gaslighter? https://pairedlife.com/problems/Gaslighting-Are-You-a-Gaslighter-or-gaslighted106

Phillips, A. What I Wish I Knew ABout Gaslighting Before It Happened to Me. https://www.joinonelove.org/learn/what-i-wish-i-had-known-about-gaslighting-before-it-happened-to-me/

Sarkis, S Ph.D. (2017). 11 Warning Signs of Gaslighting. https://www.psychologytoday.com/us/blog/here-there-and-everywhere/201701/11-warning-signs-gaslighting

Sarkis, S Ph.D. (2018). This is Why Victims of Gaslighting Stay- And How They Can Finally Break Free. https://www.google.com/url?q=https://www.mindbodygreen.com/articles/why-victims-of-gaslighting-stay-and-how-to-finally-leave&ust=1582536180000000&usg=AFQjCNGzCOD-CEZSu7ytfxx-1d_Sc22opcg&hl=en

Mohan, M (2018) Cheating and Manipulation: Confessions of a Laughter. https://www.psychologytoday.com/us/blog/here-there-and-everywhere/201701/11-warning-signs-gaslighting

Weiss, S (2017). 7 Signs Your Parents Are Gaslighting You. https://www.bustle.com/p/7-signs-your-parents-are-gaslighting-you-42457

Hale, L (2018). 24 Phrases Gaslighters Use Against You at Work. https://www.ragan.com/24-phrases-gaslighters-use-against-you-at-work/

Richardson, H (2019). What Happened When I Was Gaslit By My Boss. https://www.refinery29.com/en-gb/gaslighting-at-work

Nelson, K (2016). 5 Ways US Culture and Society is Gaslighting Marginalized People. https://everydayfeminism.com/2016/04/examples-gaslighting-culture/

Arabi, S (2019) Recovering from a Narcissist. https://blogs.psychcentral.com/recovering-narcissist/2018/10/gaslighting-

Miller, N (2014). How To Turn People's Own Thoughts Against Them. https://mind-hacks.wonderhowto.com/how-to/gaslighting-101-turn-peoples-own-thoughts-against-them-0154973/

Christine. The Effects of Gaslighting in Narcissistic Victim Syndrome. https://narcissisticbehavior.net/the-effects-of-gaslighting-in-narcissistic-

Moss, G (2015). 3 Problems People From Toxic Families Often Struggle With. https://www.bustle.com/articles/113750-3-problems-people-from-toxic-families-often-struggle-with

BONUSHEFT

Als Beilage zu diesem Buch erhalten Sie ein kostenloses E-Book zum Thema „Hypnose".

In diesem Bonusheft „Hypnose Schnellstart-Anleitung" erhalten Sie eine Einführung in die Welt der Konversationshypnose. Mit diesen Techniken können Sie andere Menschen während eines normalen Alltagsgespräches unbemerkt hypnotisieren.

Sie können das Bonusheft folgendermaßen erhalten:

Öffnen Sie ein Browserfenster auf Ihrem Computer oder Smartphone und geben Sie Folgendes ein:

emorygreen.com/bonusheft

Sie werden dann automatisch auf die Download-Seite geleitet.

Bitte beachten Sie, dass dieses Bonusheft nur für eine begrenzte Zeit zum Download verfügbar ist.

www.ingramcontent.com/pod-product-compliance
Lightning Source LLC
Chambersburg PA
CBHW071354080526
44587CB00017B/3101